JANA HUSTER

FLÜCHTIGE BEGEGNUNGEN

STORIES

Λ

adakia Verlag UG (haftungsbeschränkt)
Richard-Wagner-Platz 1, 04109 Leipzig

Bibliographische Information der Deutschen Bibliothek:
Die Deutsche Bibliothek verzeichnet diese Publikation in der Deutschen Nationalbibliographie; detaillierte Daten sind im Internet über die Homepage http://www.dnb.de abrufbar.

Gesamtherstellung: adakia Verlag, Leipzig
1. Auflage, April 2023
ISBN 978-3-941935-13-6

VOM FLÜCHTIGEN GLÜCK
EIN VORWORT

Das mit den Enten ist gut. Die Ente macht ihr Ding, und wenn ihr Ende gekommen ist, stirbt sie. Ente gut, alles gut. Hab ich jetzt am falschen Ende angefangen? Egal. Das Ende ist der Anfang vieler Geschichten, die man Jana Huster erzählt, wenn einer unter die Erde muss und sie etwas dazu sagen soll. Die Trauerrednerin schreibt, wie sie spricht – mit leichter Feder und spitzer Zunge, wohl hochachtungsvoll, doch gerne auch frivol. Kurzhaarig und ungeschminkt mit flachen Schuhen ist sie unterwegs in den Gassen ihrer Stadt. Sie sitzt mit Zurückgelassenen am Küchentisch, plaudert mit fröhlichen Seniorinnen auf der Friedhofsbank und versorgt im Garten die Wespenstiche ihrer minderjährigen Mitbewohnerin mit Wegerich und wilder Zwiebel. Sie jagt Klischees, und sie hegt die Hoffnung, und statt wohl sortierter Apothekenschrankschubladen-Gedanken verordnet sie uns Leichtigkeit.

»Wir Menschen sind schon ziemlich komplizierte Wesen. Deshalb sollten wir uns vielleicht nicht das Leben schwer machen mit Intoleranz oder irgendwelchen anderen Vorhaltungen. Es hat jeder mit sich selbst genug zu tun.«

Ihre Geschichten ranken sich dem Licht entgegen wie die illegalen Tomaten im Hofwiesenpark: Gestern waren sie noch Grillbeilage. Heute sind sie Saatgut und morgen schon frisches Gemüse. Das schmeckt, und das duftet, und das schimmert bunt im Sonnenlicht. Auch das ist Gera, Jana Husters Heimatstadt. Hier schmeckt es in den Gärten nach Bauernhof, nach glücklichen Hühnern und nach selbst geernteten Möhren. In den Arcaden lenkt die Autorin unseren Blick auf bunte Kopftücher, auf dunkle Typen mit umgekrempelten Hosen, auf bunte Läden mit dubiosem Inhalt, auf Stellen, wo einst noch die Heringe aus dem Fass gefischt wurden. In dieses Büchlein taucht man ein und lässt sich überraschen von den vielen Facetten des flüchtigen Glücks. »Ich habe Sie gewarnt«, sagt Jana Huster, wenn wir uns ertappt fühlen, weil uns das Licht zu grell oder das Spiegelbild zu klar erscheint. »Wird vielleicht doch noch ganz schön«, höre ich sie schnaufen.

»Ich lebe noch ...« Daran könnte man sich am Beginn jedes neuen Tages freuen. Macht man aber meistens nicht. Und wenn wir uns am Abend fragen, wann wir denn nun endlich reich werden, könnten wir antworten: »Bin ich eigentlich schon«.

Darauf gönnt sich die Autorin selbst nach ihrer Geplatzte-Träume-Tour einen menorquinischen Gin.

Smartes Zusammenleben in einer smarten Stadt?

»Ich denke, mit einem geförderten Modellprojekt sollten wir anfangen.«

Hendrik Mattenklodt
Superintendent für den Evangelischen Kirchenkreis Gera

Für meine Tochter, die mich immer wieder inspiriert.

INHALT

ABC-Schützen

Die ABC-Schützen sind los. Keine Ahnung, wer diesen Begriff geprägt hat. Die Schulkinder schießen doch nicht mit Buchstaben. Jedenfalls ist es doch ein herrlicher Anblick nach den Sommerferien, endlich wieder bunte Schulkinder mit riesigen Ranzen und Turnbeuteln auch in den Altstadtgassen zu sehen. Läuft ja sonst kaum einer lang. Neulich haben Gäste unserer Ferienwohnung von Gera geschwärmt: Hier könne man ja in der Altstadt echt in Ruhe Fahrrad fahren, ohne auf diese nervigen Fußgänger zu treffen.

Eine Sportkameradin sagte vor ein paar Tagen, dass sie es ja nicht versteht, dass die Flüchtlinge jetzt so »verwöhnt« werden. Sie selbst sei ein Flüchtlingskind gewesen, damals, und da habe man gar keine Hilfen bekommen und musste bei fremden Leuten Unterschlupf finden, hatte immerzu Hunger und wurde ständig in der Schule verspottet. Vielleicht kommt daher der Begriff ABC-Schützen: weil schon die Kinder mit Worten schießen können.

»Ach und das fanden Sie gut?«, frage ich und gehe schon mal vorsichtshalber in Deckung, denn sie schwenkt ihre Hanteln bedenklich leger.

»Wissen Sie«, schnauft sie, »früher war einiges besser.« Und stopft sich demonstrativ ihre Ohrstöpsel wieder rein.

Ob ich ihr erzähle, dass ich gestern Fibeln verglichen habe? Eine neuzeitliche gegen die Fibel, mit der meinesgleichen lesen gelernt hat. In der alten Fibel war noch die Rede von Frieden, Gerechtigkeit, Kindern aus anderen Ländern, die es nicht so schön haben, dass man für Brot hart arbeiten müsse und nicht einfach die Bemmen wegschmeißen soll und so weiter. In der neuen Fibel sucht man dergleichen eher vergebens. Da ist der einzige Konflikt, dass ein Vater fernsieht und keine Lust hat, seinen Kindern vorzulesen. Das Lied von der Friedenstaube ist auch schon lange aus den Büchern und Köpfen. Dabei ist es aktueller denn je.

Heute stand vor mir auf dem Markt eine Frau mit Kopftuch und kaufte Äpfel. Was für ein fabelhafter Farbtupfer inmitten der tristen beigen Gewänder. Ich erkannte sie als eine türkische Mutti, mit der ich mich manchmal auf dem Weg zur Schule unterhalte.

»DIE MÜÜÜÜSSS-SSSEN SIE A-BER BE-ZAH-LEN!«, schrie die Marktfrau. Das Kopftuch senkte sich.

»Das bezahl ich«, sagte eine Frau in der Schlange und kramt nach ihrer Geldbörse.

»Danke, ich habe genug Geld, aber ich lasse mich nicht so gern anschreien. Ich bin kein Flüchtling, helfen Sie lieber denen«, sagte die türkische Frau, bezahlte und ging erhobenen Hauptes. Als sie an mir vorbeikam, zwickte sich mich in die Seite und grinste.

Allein

Trauergespräch im schönen Debschwitz nahe der Dauerbaustelle Wiesestraße. Beim Verabschieden ein Blick in die Küche, ein einsamer Stuhl am Tisch.

Ich: »Oh, und hier essen Sie jetzt immer alleine?«

Witwer: »Ja, den Stuhl meiner Frau habe ich in den Keller gebracht, das habe ich nicht ertragen.«

Ich: »Hm, ich würde, glaube ich, dann immer vorm Fernseher essen.«

Witwer: »Das geht nicht, ich hör da nüscht, mache ja dann immer das Gerät leiser, um meine Frau nicht zu stören. Sie ist einfach überall.«

Alles umsonst

Neulich war ich kurz davor, meinen Integrationspreis der Stadt Gera in der Elster zu versenken. Was war passiert? Mit einer Freundin balancierte ich durch die grandiose Wiesestraße-Baustelle, um zu einem Restaurant zu gelangen, vor uns zwei kleine Jungs südländischer Optik mit Fahrrädern.

Die gurkten so vor uns hin und her, blieben dann quer auf dem Gehweg stehen und wir lächelten sie an, gütig, wie nur alternde Mütter das können.

»Kartoffelfresser«, fauchte daraufhin der eine, »Blöde Kühe« der andere.

Dann verschwanden sie unter weiteren Flüchen. Das war ein magischer Moment. Nicht nur, weil sie korrekt den Plural verwendet hatten. Die Versuchung war groß, hinter dem nächsten Baustellengerüst den Jungs mal zu erklären, wie stärkend sich der Kartoffelkonsum auf die Oberarme wütender deutscher Frauen auswirkt. Vorher aber Versenkung des Integrationspreises in der Elster. War ja alles umsonst, wenn selbst die kleinen Chauvinisten uns so blöd kommen.

Heute stromerte ich, wie so oft, den Elsterstrand entlang und dachte über einen Insta-Post nach, den ich neulich gelesen habe. Die Forderung nach einem Gender-Personalpronomen, damit man über Leute lästern kann, ohne dass diese dabei auf ein Geschlecht festgelegt werden.

Man/Männin sagt dann nicht:

»Der ist so ein Kartoffelfresser«, sondern »Xier ist so ein/e Kartoffelfresser:in«.

Wenn ich es richtig verstanden habe. Eigentlich verstehe ich es nicht richtig, solange Menschen in Kriegen, vor Hunger oder unheilbaren Krankheiten sterben. Ja, auch ich habe diese Tage, an denen ich grüble, was das alles noch werden soll. An diesen Tagen ist auch die Autobatterie leer, weil ich die Kofferraumklappe nicht richtig zu gemacht habe und mir fällt morgens eine Kontaktlinse ins Waschbecken, was bei minus acht Dioptrien eine Tragödie ist – man sieht im Prinzip ja nur weiße Masse. An der Elster steinigem Strande finde ich tatsächlich einen Elster-Hühnergott. Das ist selten. Vielleicht ist der Tag nicht ganz so fürs Gesäß. Weiter vorn grillt eine Familie. Die Frauen sitzen auf der Decke und kneten diverse Massen, die beiden Männer stehen am Rost, die Kinder hüpfen am Wasser herum. Ich lächle sie an und laufe vorbei, da ruft ein Mann: »Halla Halla.«

Wahrscheinlich heißt das Kartoffelfresserin, ich drehe mich aus Protest nicht um. Hinter mir raschelt es im Gras. Ein kleines Mädchen mit Kopftuch hält mir etwas entgegen. Habe ich was verloren? Oh, nein, es ist Grillgut. Ein Teigding mit Hackfleisch drin, eingewickelt in ein Stück hellblauer Beilage aus der gelben Zeitung, die aller zwei Wochen erscheint.

»Das ist syrisches Essen,« strahlt das Mädchen und rennt wieder zurück. Ich winke der Familie und verschlinge das unerwartete Leckerli, köstlich wie immer. Vielleicht war doch nicht alles umsonst.

Auf dem Land

Als ich ankomme, lockt mich die Frau in ihre große Wohnküche. Es duftet herrlich nach früher. »Ich hab ne Brühe gemacht, bin froh, wenn ich nicht alleine essen muss.«

Die Brühe schmeckt nach Bauernhof, glücklichen Hühnern und selbst geernteten Möhren, einfach unvergleichlich.

»Wissen Sie, seit mein Mann gestorben ist, ist jeden Tag eins unserer Kaninchen gestorben. Ich trau mich heute gar nicht in den Stall, jeden früh liegt eins tot drin.«

»Das hört auf, wenn die Trauerrednerin kommt.«

Später gehen wir zu den Kaninchen. Alle hüpfen quicklebendig in ihrem Gehege herum. Ich atme auf.

Frau: »Schön, da kommen Sie also jetzt jeden Tag, ge?«

Aus Alt mach Neu

Neulich war ich so erkältet, dass ich nicht einmal Bücher lesen konnte, weil meine Konzentration dafür nicht ausreichte. Fernsehen nervte mich auch, also lag ich auf dem Sofa und starrte vor mich hin. Solche Pausen sind eigentlich ganz schön, man kommt auf ganz andere Gedanken als sonst im Alltagsbetrieb. Zum Beispiel an frühere Zeiten.

Die gute alte Zeit, in der das Kind riesige Playmobilarenen aufbaute, bunte Blumenbilder malte und permanent die Puppe mit den gelben Haaren mit sich herumschleppte. Nun werden des öfteren Sätze von mir (insbesondere die Aufforderungssätze) mit Schnauflauten kommentiert, die Blumenbilder von einst gilben an den Wänden vor sich hin und auch die Playmo-Leute warten in ihrer Kiste auf die besseren Zeiten. So ähnlich muss es den Leuten von der einen Partei gehen. Nichts ist mehr so, wie es mal war. Diese bunten Kopftücher in den Arcaden, dunkle Typen mit umgekrempelten Hosen, die man früher als untragbar, weil zu kurz bewertet hätte, bunte Läden mit dubiosem Inhalt an Stellen, wo einst noch die Heringe aus dem Fass gefischt wurden.

Und auch ohne unsere neuen Mitbürger ist alles anders geworden: Ich finde es manchmal merkwürdig, dass es heutzutage im Lebensmitteladen auch Gartenliegen gibt, dass man im Kaffeeladen froh sein muss, wenn man noch eine Tüte Kaffee zwischen dem ganzen Gedöns findet und dass an manchen Tagen in der Straßenbahn Basar-ähnliches Geschrei aufwallt. Klar wechsle ich auch manchmal die Straßenseite, wenn unheilvolle Gestalten nahen – egal welcher Nationalität und natürlich nerven mich Schüler mit lauten Smartphones und einem wirklich ungehobelten Benehmen. Fast nichts ist mehr wie früher, die Frauen gehen einfach arbeiten, wenn sie wollen, im Wald bleiben die Bäume liegen, damit die Insekten was zum Knabbern haben und jetzt wollen sie auch noch an die Plastikstrohhalme. Also nicht die Insekten, sondern die da oben.

Aber muss denn wirklich alles wie früher sein? Es wäre doch zum Beispiel beim Kind komisch, wenn es noch mit 16 oder so die Puppe mit den gelben Haaren mit zum Date schleppen würde und ein fröhliches »Oh ja, Mama, ich liebe es, mein Zimmer aufzuräumen« würde mich schwer irritieren.

Manchmal ist es auch ganz praktisch, zur Kaffeetüte gleich noch einen Regenponcho zu erstehen und so ein bisschen Basarstimmung ist dem Flair in der Gerschen Straßenbahn ganz zuträglich. Entgehen können wir dem vielen Neuen nicht und wir können auch nicht alles verhindern. Warum denn auch? Wenn immer alles so wäre wie früher, würden wir heute weder Penicillin noch Autoreifen noch Stimmzettel noch Mobiltelefone haben. Wobei natürlich nicht jeder Fortschritt gut ist. Neulich habe ich zum Beispiel einen Artikel über Gesichtstransplantationen gelesen.

Mich besorgte dann die Frage, ob die Kassenpatienten andere Gesichter kriegen als die Privatpatienten. Es wäre ja denkbar, dass ein Privatpatient vor der Operation durch die Leichenhalle gehen könnte, hier und da eine Schublade aufmacht und sich was Passendes aussuchen kann und der Kassenkunde nicht so viel Auswahl hat. Der kriegt dann die übrig gebliebenen Aknepatienten, die Schuppenflechter, die Wasserleichen oder was sonst noch so da ist.

Zu bedenken ist auch, dass längst vergessene Gesichter plötzlich wieder auftauchen, dass also zum Beispiel ein neulich verstorbener Schauspieler auf dem Paketbotenkopf auftaucht. Oder ein unbeliebter Politiker als Gesicht in einer ganz anderen Fraktion erneut erscheint. Wiederauferstehungen der neuen Art sozusagen. Nur nicht besonders gesichtswahrend. Manchmal hat man das Gefühl, es hat schon solche Transplantationen gegeben. Vielleicht wechseln manche Machthaber nicht die Meinung, sondern nur das Gesicht? Fragen über Fragen.

Manchmal überlege ich auch, ob es Tiere gibt, die im falschen Körper geboren sind. Also zum Beispiel eine Giraffe, die eigentlich ein Zebra ist. Oder eine Katze, die lieber ein Hund wäre. Wir Menschen sind schon ziemlich komplizierte Wesen. Deshalb sollten wir uns vielleicht nicht das Leben schwer machen mit Intoleranz oder irgendwelchen anderen Vorhaltungen. Es hat jeder mit sich selbst genug zu tun.

Aus den Nachrichten

Schule. Sammelstation für Mutterkuchen, also Kuchen für das Schulfest, welches heute gefeiert wird.

Eine andere Mutti und ich verlassen das Gebäude. Ein südländischer Typ mit Kind und Ranzen rennt in die Schule, es war nämlich schon »vorklingeln«.

Mutti: »Ich hoffe, der gehört auch hierher, nicht dass der jetzt einfach so in die Schule stürmt und dann wars das.«

Ich: »Naja, Kind, Ranzen, das spricht schon irgendwie dafür, dass er die Hütte nicht gleich in die Luft sprengt.«

Mutti: »In dem Ranzen könnte Sprengstoff sein, man hört ja immer in den Nachrichten so viel. Oder der entführt ein Kind, hats ja alles schon gegeben.«

Ich: »Ach, die haben selber so viele Kinder, da werden die sich doch nicht so einen kleinen Schweinefleischesser ans Bein binden.«

Mutti: »Ich hab da immer Angst.«

Südländischer Typ rennt uns hinterher. Sie zuckt schon zusammen. Er will aber nur den Bus erwischen. Uns verschont er. Schwein gehabt. Äh, Rind.

Beim ersten Mal tat's noch weh

Der Nachteil am Älterwerden ist der Mangel an ersten Malen. Oder besser gesagt, die ersten Male werden unschöner. Früher, ach, waren das aufregende erste Male: der erste BH, der erste Kuss mit oder ohne Zunge, der erste Kontakt mit der einäugigen Schlange, die sich zwischen zwei Männerbeinen aufhält. Die erste eigene Wohnung, der erste eigene Kontoauszug, das erste eigene Azubigehalt, das erste Mal betrunken sein ...

Klar gab es da auch schon blöde erste Male: die erste Nebenkostenabrechnung, der erste unfreiwillige Schwangerschaftstest, die erste Kündigung des Aushilfsjobs, nur weil man die zu verteilenden Prospekte in einer alten Villa um die Ecke entsorgt hat – wer konnte denn ahnen, dass Menschen sich beschweren, weil sie die aktuelle Diska-Werbung nicht mehr bekommen? Das erste Mal Nachdenken über Menschen, die sich beschweren, weil sie die aktuelle Diska-Werbung nicht mehr kriegen.

Später dann, nach Trennungen, Kündigungen und anderen Lebenserfahrungen, beginnen aber die wirklich unschönen ersten Male sich zu häufen: der erste knebelnde Kreditvertrag, der erste Seitensprung, die ersten versterbenden Angehörigen, die erste Scheidung – und dann tauscht man den Partner um und erschrickt: Welche schönen ersten Male bleiben denn jetzt noch? Die sind ja alle schon weg! Erster Kuss? Weg. Hochzeit? Schon erlebt. Kinder? Schon vorbei. Eigenheim? Das aus der ersten Ehe ist ja noch nicht mal abgezahlt. Garten? Hat der Vorgänger schon bestellt. Erster gemeinsamer Urlaub? War er schon dort. Ein paar Tage nach Saalburg?

»Toll«, sagt er, »da waren wir immer als Familie. Montag Kletterwald, Dienstag Märchenwald, Mittwoch Sommerrodelbahn, Donnerstag ...«

Unzählige Januare bis Dezembere sind einfach schon erlebt mit dem Vorgängermodell. Was bleibt? Der erste Spaziergang mit Gleitsichtbrille. Der erste Bandscheibenvorfall. Das erste Mal im Restaurant die Seniorenportion ordern. Der erste Infoabend im Betreuten Wohnen. Das erste Mal im Bett sagen: »Das kann doch jedem mal passieren.«

Die erste Volksmusiksendung vor gestärkten, mit Handkantenschlag versehenen Sofakissen. Die ersten dritten Zähne. Das erste Mal wetten, wer zuerst stirbt. Das erste Mal eine Busreise mit anderen Verwirrten unternehmen. Das erste Mal die undankbaren Kinder enterben. Wird vielleicht doch ganz schön!

Big spender

»Haben Sie einen Organspendeausweis?«, werden die Bürger von der Zeitung gefragt. Unter ihren Konterfeis sind dann die jeweiligen Antworten abgebildet. Einer der Befragten hat angegeben, dass er keinen besitzt, weil es ihm lieber sei, seine Organe bekäme beispielsweise eine todkranke Mutter dreier Kinder als ein Alkoholiker. Mitte zwanzig ist er, Kundenberater. Na schön. Aber was macht er, wenn die todkranke Mutter dreier Kinder nach erfolgter Organspende voller Euphorie beginnt, endlich zu rauchen und zu saufen, Dinge tut, die sie wegen ihrer Erkrankung jahrelang nicht tun konnte? Und könnte nicht ein Alkoholiker trocken werden, weil er endlich nicht mehr vor Todesangst trinken muss? Kann man Chancen auf ein weiteres Leben für Todkranke so begrenzen? Und wie sollte das funktionieren? Womöglich durch weitere Ankreuzoptionen im Organspendeausweis:

Für den Fall meines Ablebens möchte ich, dass meine Lunge nicht an den Blödmann aus dem Nachbarhaus geht, der ist ja selber schuld, dass er so hustet, bei der Qualmerei.

Meine Organe soll auf keinen Fall jemand erhalten, der die FDP wählt, der soll sich die Innereien doch auf dem freien Markt besorgen.

Mir ist egal, wer meine Organe bekommt, Hauptsache, er/sie besitzt die deutsche Staatsbürgerschaft von Geburt an und hat »richtige Deutsche« als Eltern, bitte keine Spende an die Ausländer aller Art.

Dieses Verhalten erinnert mich an oft gehörte eigenartige Dialoge im Zusammenhang mit Krebserkrankungen. Also hat zum Beispiel jemand Lungenkrebs, dann sagen die meisten Leute: »Naja, der hat ja auch geraucht wie bescheuert, kein Wunder.« Oder hat jemand Magenkrebs, hört man oft, dass er/sie zu viel getrunken hat oder immer so viel Schweinefleisch verzehrt hat. Gleiches gern auch bei Speiseröhren-, Darm- oder Bauchspeicheldrüsenkrebs.

Insbesondere alternativ angehauchte Menschen trompeten dann, dass der Erkrankte ja selber schuld sei und die Erkrankung durch seine Lebens- oder Trink- und Essgewohnheiten herbeigeführt hat. Aber noch nie habe ich diese komischen Monologe im Zusammenhang mit Hodenkrebs oder Gebärmutterhalskrebs gehört. Da sagt nie einer: »Ach, Hodenkrebs. Jaja, der hat ja och ... naja, man soll nicht schlecht über Tote reden.«

Oder: »Ach, die hatte Gebärmutterhalskrebs? Na kein Wunder, hat die doch immer was mit dem Georg, der ja so gut bestückt war.« Von Brustkrebs ganz zu schweigen.

Ich finde es jedenfalls sehr grausam, wenn Kranken eine Mitschuld an ihrem Leiden unterstellt wird. Klar sind bestimmte Lebensweisen nicht gesund, allerdings spielt auch immer das Pech in Kombination mit dem Schicksal eine Rolle und ich kann nach Jahren der Trauerrednertätigkeit sagen, dass viele »meiner Toten« gesund gelebt haben. Wobei sich das gesunde Leben ja auch ständig ändert. Mal soll man keinen Alkohol trinken, dann wieder nur wenig Rotwein. Manchmal keine Eier und schön Getreide, dann wieder Low Carb – oder am besten stundenlang gar nichts mehr. Oder auch regelmäßig aller drei oder vier Stunden. Bittere Schokolade täglich ein wenig, ständig Kichererbsen, Bananen manchmal, aber nächste Woche sagen die Apothekenzeitung oder das Internet wieder etwas anderes. Ich habe ja die Theorie, dass man sich wenig verbieten lassen soll, was einem Spaß macht. Diese Leute werden oft am ältesten. Manche Jüngere meiner Kunden haben einfach zu lange auf ein Spenderorgan warten müssen.

Bin ich weit in der Welt, habe ich Verlangen, Thüringer Wald, nur nach dir!

Viele Jahre lang war die Frau pflegebedürftig gewesen. Durch das lange Sitzen und Liegen, die Unfähigkeit, sich zu bewegen, hatte sie zugenommen. Dazu hatten wohl auch die Medikamente beitragen. Irgendwann wurde es schwierig mit dem Pflegedienst. Die Mitarbeiterinnen beklagten sich, dass sie einfach diese schwere Frau kaum noch versorgen konnten, weil die körperliche Anstrengung zu groß sei. Der Ehemann konnte auch, je älter er wurde, kaum noch mithelfen. Er hatte ja auch schon lange als Laie die Pflege gestemmt, als seine Frau auch noch mithelfen konnte, beim Duschen und umdrehen – beider Kräfte waren geschwunden. Sie wechselten den Pflegedienst schon zum zweiten Mal, wollten einen Umzug ins Heim vermeiden, zu sehr hing die Frau an ihrer Wohnung, in der sie früher schaltete und waltete.

Eines Tages brachte die Pflegeschwester einen syrischen Baum mit. Also besser gesagt einen syrischen Mann mit der Gestalt eines Baumes.

»Tu'n Schmuck verstecken«, zischte die Frau ihrem Mann zu, »und tu de Messer weg.«

Soweit waren sie also schon gekommen, dass sie die Hilfe eines Ausländers brauchten. Der konnte fast kein Deutsch, zum Glück hatte der Ehemann viele Jahre Englisch gelernt und hätte sich mit ihm austauschen können. Aber wozu auch. Von Ausländern hielt er nicht viel und dann jetzt noch sowas in der eigenen Wohnung. Die Nachbarn auf dem Dorf amüsierten sich, hatte der Mann doch am Stammtisch bisher nicht so ein offenes Haus für »diese Muselmanen« gehabt.

Der Pflegedienst stellte sie vor die Wahl: Entweder ließen sie sich von Ibrahim helfen oder sie müssten doch über einen Heimplatz nachdenken. Das Ehepaar gab nach.

Die Monate vergingen und Ibrahim tanzte brav mehrmals in der Woche an, half bei der Körperpflege, drehte die schwere Frau im Bett herum und half ihr auch, die Kompressionsstrümpfe an- und auszuziehen. Sein Deutsch wurde immer besser, auch weil so viele Senioren ihm nebenbei wichtige Sätze beibrachten. Er wusste nun zum Beispiel, dass Hitler ein feiner Kerl gewesen war, auch weil er die Leute in Arbeit gebracht hatte, in der Rüstungsindustrie und beim Autobahnbau. Er konnte das Rennsteiglied schon sehr gut anstimmen und auch korrekt sagen, dass die Andrea Berg eine feine Frau ist. Und auch die schwere Frau ließ ihre Uhr zum Test auf dem Nachttisch liegen und am nächsten Tag lag sie noch da. Die Uhr. Die Frau natürlich auch.

Als die schwere Frau starb, bat sie ihren Mann, Ibrahim bei den Danksagungen in der Anzeige mit zu erwähnen und auch in ihrer Trauerrede. Der war nämlich ein wirklich feiner Kerl gewesen und gefehlt hat nie etwas, wenn er dagewesen war. Außer Kekse, aber die hatten sie ihm ja auch angeboten.

»Der hat immer ganz schön viel Zucker in den Tee getan«, sagt der Mann, als wir uns treffen und streicht zärtlich über die Zuckerdose, die noch auf dem Tisch steht.

BMI

Seit ich den Mann umgetauscht habe, bin ich ein bisschen dicker geworden. Anfangs fand ich das ganz gut, dann hat es mich doch genervt und ich beschloss, das gewonnene Gewicht wenigstens umzuverteilen. Wir Linken sind ja immer für Umverteilung.

Also ging ich in den schönsten Fitnessclub der Stadt und ließ mir einen Trainingsplan erarbeiten. Der Trainer maß und wog mich und meinte, mein BMI sei im unteren Bereich und ich solle nicht noch an Gewicht verlieren, sondern nur mehr Sport machen und abends keine Kohlehydrate mehr essen.

Was ist denn ein BMI? BMW kannte ich, aber BMI? BeutelMagenIltis? BraunerMayonnaiseIngwer?

»Nein«, lachte der Trainer, »das ist der Body Mass Index!«

Ich nickte nur und begann mit den Leibesübungen.

Am Abend fiel mir wieder der Body Mass Index ein, ich setzte mich an den Computer und googelte. Der Body Mass Index errechnet sich aus Gewicht und Körpergröße. Man teilt das Gewicht durch die Größe im Quadrat. Ich tippte meine Zahlen in den angebotenen BMI-Rechner ein und erschrak: Ich hatte einen BMI von 576,1.

Das bedeutete massives Übergewicht! Aber hatte der Typ vom Fitnessstudio nicht von Gerade-so-Normalgewicht gesprochen? Ich trank auf den Schreck erstmal einen Gin. Dann öffnete ich die Webseite noch einmal und trug meine Werte erneut in die Tabelle ein. Jetzt hatte ich Normalgewicht und konnte sogar noch zunehmen. Was hatte ich denn da vorhin...dann fiel es mir auf: Ich hatte die Zahlen vertauscht und bei einer Größe von 57 Zentimeter hat man mit 168 Kilo natürlich Übergewicht, und zwar ganz schön. Erleichtert studierte ich weiter die Seite, machte mich mal 30 Zentimeter groß und trug ein Gewicht von 200 Kilo ein. Da hat man einen BMI von 2.222.

Dann entdeckte ich die Lösung, wie man seinen BMI ganz einfach – ohne Sport, ohne lästige Ernährungsumstellung – positiv beeinflussen kann. Wie man endlich wirklich abnimmt, ohne seine liebgewordenen Angewohnheiten zu ändern. Und ich wunderte mich, diesen Tipp noch nie in den Frauenzeitschriften gelesen zu haben.

Jedenfalls, der Trick heißt: AMPUTATION!

Allein ein Durchschnittsbein wiegt bei jemandem, der 70 Kilo auf die Waage bringt, um die 12 Kilo. Ein Arm 6,3 Kilo. Schon 18,3 Kilo abgenommen – im wahrsten Sinne des Wortes!

Oder bei 80 Kilo Körpergewicht zwei Arme ab – zack – 14,4 Kilo weg! Weiterer Vorteil: Man kann ohne Arme die verdammte Waage nicht mehr unter dem Schrank hervorholen.

Oder: 90 Kilo-Mann ohne Beine nur noch 57,6! Das ist dann auch egal, denn auf die Waage kann der sich eh nicht mehr stellen!

Für diejenigen, die gar nicht so viel abnehmen wollen, zum Beispiel nur so 1,3 Kilo, für die habe ich einen ganz tollen Tipp: Gehirn amputieren lassen! Der Vorteil: Sie denken nicht mehr über solchen Unsinn nach!

Das Leben ...

Die Verstorbene hat ihrem erwachsenen Sohn Tag für Tag einen Apfel mit ins Büro gegeben. Er hat ihn nie gegessen, weil er Äpfel nicht mochte. Als sie dann todkrank war, hat er ihr immer Äpfel mitgebracht und Tage vor ihrem Tod gestand sie ihm, dass sie Äpfel hasst und nur immer für ihn gekauft hat. Neulich haben wir telefoniert und ich habe ihm erzählt, dass ich bei jedem Apfel, den ich esse, an seine Mutter denken muss. Und er berichtete, dass er seit ihrem Tod jeden Tag einen Apfel isst. Das Leben ist schön.

Der Schwarzfahrer

Gersche Straßenbahn. Direkt vor mir steht ein Mann mit richtig dunkelschwarzer Haut. Vor ihm im Kinderwagen sitzt ein putziges kleines Mädchen, was mich die ganze Zeit anstarrt und dann lacht, wenn ich eine Grimasse schneide. Das Kind hat ganz blaue Augen und helle Haut.

»Naja«, denke ich, »vielleicht holt er das Kind einer Bekannten ab oder hat eine Frau, die schon ein Kind mitgebracht hat.«

Neben mir sitzen zwei Ur-Gersche. Zu erkennen an der beigen Kleidung, Handgelenktaschen und weißen Socken in Sandalen. Sie sind ratlos. Sie schauen immer wieder auf das Kind, dann auf den Mann und überlegen.

Der Mann eins hält es nicht mehr aus. »Wie hamm die das gemacht? Sonst ist doch das Kind dann so hellbraun.«

Der Mann zwei mutmaßt: »Vielleicht hat die Frau das Kind mitgebracht.«

Mann eins: »Naja, aber dann vertrau ich das noch nicht so einem an.«

Das kleine Mädchen grinst uns an. Sie weiß mehr als wir, aber kann noch nicht sprechen.

Mann zwei fängt schon wieder an: »Oder er hat das Kind gemaust.«

Gemaust wirkt das Kind nicht, es schreit nicht nach der Mutter und ist auch nicht am Kinderwagen angekettet.

Die Männer überlegen und überlegen. »Die hatte vielleicht nen Deutschen und hat dann den Neeeschor, nee, sagt man ja nicht mehr, den dunkelweißen genommen.«

»Naja, aber da fährt der jetzt mit nem Kind rum, wo klar ist, dass es nicht seins ist.«

»Bei unseren sieht man das wenigstens nicht so doll, wenn das Kind von nem anderen ist.«

Das Baby grinst sich eins und spielt mit mir »Kuckuck. Da!«

Der Kinderwagenschieber dreht sich zu mir um und grinst mit. »Das könnte die den ganzen Tag spielen«, sagt er in astreinem Deutsch zu mir. Die Herren erstarren. Ich kann in ihren Gesichtern lesen, dass sie sich fragen, wie viel von ihrem Dialog er wohl mitbekommen hat.

Die Haltestelle naht. Dort steht eine Frau mit ebenfalls dunkelschwarzer Haut. Das Baby quietscht begeistert. Die Männer in der Straßenbahn quietschen nicht mehr.

»Wie geht denn das?«, fragt Mann eins den anderen.

»Keene Ahnung, vielleicht doch gemaust. Oder was mit Internet.«

Wir fahren weiter.

Deutschland – Erste Informationen für Flüchtlinge

Er ist Anfang 20, seit fünf Jahren in Deutschland und macht bei einer Geraer Wohnungsbaugesellschaft eine Ausbildung zum Immobilienkaufmann, aber eigentlich ist er Schlichter. Schlichter zwischen verschiedenen Mentalitäten bei der Nutzung von Gerschem Wohnraum.

Die Wohnungsbaugesellschaft vermietet nämlich Wohnungen, unter anderem an syrische Familien, und schon oft ist es vorgekommen, dass sich nach deren Einzug ins Haus die deutschen Mieter auf den Weg in die Stadt machen, um sich zu beschweren. Die kriegen ständig Besuch, an manchen Tagen stehen dreißig paar Schuhe vor der Tür, die Kinder spielen laut und dann noch dieser permanente Geruch nach fremdartigem Essen, der den sonntäglichen Dunst der gebratenen Rouladen überdeckt.

Die Beschwerdeführer, zum Teil schon Rentenempfänger, sind empört. Froh, dass endlich Ruhe im Haus ist, nachdem ihre Kinder groß sind und mit den Enkeln längst abgewandert, glücklich, dass nach und nach jeder Spielplatz hinter den Häusern nur noch eine planierte Fläche mit Bänken ist, sollen sie nun den basarähnlichen Lärm der arabischen Welt ertragen. Dabei wollen sie einfach nur ihre Ruhe.

»Zu Ostzeiten,« erklärte ihm neulich eine Frau aus Bieblach-Ost, »da hatten wir auch Ausländer. Aber da waren die unter sich, haben ihre Arbeit gemacht, sind nach paar Jahren wieder weg und gemerkt hat man die fast nicht.« Das waren noch Zeiten.

Nun kommt mein syrischer Freund ins Spiel und lädt seine Landsleute, die jetzt die Mieter seines Arbeitgebers sind, in sein Büro ein. Er erklärt ihnen, dass die Deutschen zwar auch Besuch bekommen, aber nicht so viele. Dass sie auch reden, aber nicht so laut. Und dass sie auch Kinder hatten, aber nicht so viele und so laute. Und erklärt ihnen Dinge wie Hausordnung, Lärmschutzverordnung, Brandschutzverordnung und Ordnungswidrigkeitengesetz. Verblüfft sind seine Landsleute dann, vor allem, weil die Deutschen ihnen das nicht selber gesagt haben. Im Treppenhaus würden sie manchmal angelächelt, aber da sind die Lächler wohl gerade auf dem Weg zur Haltestelle, um zur Wohnungsbaugesellschaft zu fahren und sich dort mit Lärmprotokollen zu beklagen.

Doch der syrische Immobilienkaufmannazubi ist vorbereitet auf diesen Satz mit dem Lächeln und zieht eines meiner derzeitigen Lieblingsbücher aus der Schreibtischschublade, schiebt es den syrischen Mietern über den Tisch.

Es heißt »Deutschland – erste Informationen für Flüchtlinge« und ist auf deutsch und arabisch zu lesen. Dort findet sich auf Seite 126 der Grund für die lächelnden Deutschen:

»Ein Lächeln ... signalisiert nicht unbedingt persönliches Interesse. Umgekehrt wirken manche Deutsche unfreundlicher, als sie eigentlich sind. Im Zweifelsfall lächelt man einfach selbst, das lockert die Atmosphäre. Manche Deutsche haben einen eigenartigen Humor, der sehr ironisch sein kann. Im Zweifelsfall lieber nachfragen, wie etwas gemeint ist. Andere wirken so, als hätten sie überhaupt keinen Humor. Das muss nicht so sein, sie sind vielleicht einfach nur vom Typ her nachdenklich und ernst. Lautes Reden, Musikhören und Telefonieren in der Öffentlichkeit, vor allem in geschlossenen Räumen, stört andere Leute.«

Mit diesem Wissen durch Gera zu laufen, war für mich tatsächlich befreiend – endlich weiß ich, wie sich richtige Deutsche betragen. Sie haben einen eigenen Humor und sind vor allem leise.

Befreiend ist diese Betriebsanleitung für die Syrer auch. Sie lächeln jetzt einfach im Treppenhaus zurück und versuchen, ihren Besuchern beizubringen, dass man in der Wohnung nicht so laut sein soll, werfen ihre Dunstabzugshauben an und verstecken die vielen Schuhe vor der Wohnungstür. Das Buch über die Deutschen kriegen sie auch im Integrationskurs ausgehändigt und können sich ihre eigenen weiteren Gedanken über das deutsche Leben machen.

Es ist manchmal ein bisschen widersprüchlich. In dem Buch steht, dass die Deutschen vor der Wohnungstür die Schuhe ausziehen. Aber da steht nicht, dass die Deutschen die Schuhe vor den Wohnungstüren der anderen Leute zählen. Warum ist Rouladenanbratedunst gut, aber fremdartige Gewürzgerüche schlecht? Warum kriegen die anderen Hausbewohner so wenige Gäste? All das muss ihnen immer mal jemand erklären. An manchen Tagen hat der syrische Azubi kaum Zeit zum Erlernen der Regeln der Betriebskostenabrechnung. Sowas gibt es in Syrien nämlich auch nicht. Aber das ist eine andere Geschichte.

Ente gut, alles gut

Neulich habe ich einen tollen Artikel über den Optimierungswahn gelesen, der uns in diesen Zeiten befällt und vor dem auch ich nicht gefeit bin. Aber man kann natürlich nicht alles umsetzen. Was wäre zum Beispiel, wenn ein Lehrer beschließt, nicht mehr zu viel zu bewerten? Oder der Lactoseintolerante beschließt, endlich mehr Milch zu trinken? Der Strafverteidiger, der lernen soll, nicht immer Ausflüchte zu suchen? Nicht alles ist für jeden gut, das sollten sich manche der eskalierenden Ratgeberfronten mal auf den Buchrücken schreiben.

Der Buchhandel quillt über vor Ernährungs-, Sport- und Lebensglückratgebern und auch im Internet schreibt so mancher selbsternannte Experte seine radikalen Thesen auf. Ergebnis ist oft keine Besserung diverser Beschwerden, sondern eher zusätzlicher Umsetzungsstress. In der Rückenkrankenklinik, in welcher ich im Dezember einsaß, sagte die kirgisische Stationsärztin mit ihrem zauberhaften Akzent: »Sie müssen lernen, zu chillen.«

Vielleicht schreibe ich darüber mal einen Ratgeber. »Chillen für Fortgeschrittene« oder »Apathisch werden für Einsteiger«.

Manchmal gehe ich jetzt spazieren (langsaaaaam) und schaue mir die Enten auf der Elster an. Wenn das Wasser ruhig ist, schwimmen sie gemütlich und tauchen nach nützlichen Dingen. Ist das Wasser hoch, die Strömung intensiv, ist es manchmal, als ob sie surfen – und ein bisschen wohlgefällig den Schnabel dabei zu einem Lächeln verziehen. Die Ente überlegt nicht, wie sie ihren Ententag in To-do-Listen teilt, ob sie auf Low Carb umsteigen sollte und wann sie eigentlich das tägliche Programm Dehnungsübungen einplant. Sie macht ihr Ding, wie es ihr der Instinkt sagt. Frisst, wenn sie Hunger hat, putzt sich, wenn sie es für erforderlich hält, stirbt, wenn ihr Ende gekommen ist. Ente gut, alles gut.

Erst der Anfang – aus dem 1. Lockdown – 2020

Eine Kundin verlässt gerade das Ladengeschäft, ich laufe vorbei, die Blicke der Chefin und meiner treffen sich und wir unterhalten uns ein bisschen, aus alter Ladeninhaberbekanntschaft.

»Hey, die hatte ja gerade keine Maske auf« , wundere ich mich – eigentlich sollte man das ja in Geschäften tun.

»Du glaubst doch nicht etwa auch diesen Quatsch mit Corona?«, lacht sie und verkündet mir sogleich ihre Sicht auf die Dinge. »Das ist ein abgekartetes Spiel – von den Moslems und der Merkel.«

Ach. Darauf war ich noch gar nicht gekommen. Seit Tagen hatte ich allerdings das Gefühl, tatsächlich der Lügenpresse aufgesessen zu sein. Das liegt daran, dass ich einige der Corona-Leugner (Gegner sind wir ja alle) kenne und jetzt nicht einfach aus meinem Bekanntenkreis eliminieren möchte und daher ein paar Artikel und Facebookbeiträge gelesen habe. Die möchte ich aber jetzt nicht verbreiten. Jedenfalls ist aber Fakt: Wenn man sich wirklich auf die Denkweise einlässt, dass die Berichterstattung über Corona nur Panikmache und Ablenkung von den wirklich wichtigen Themen dieser Welt ist, wird klar, wie toll installiert und inszeniert diese ganzen Medienbilder sind. Es ist dann einfach unglaublich faszinierend, wie die allein die ganzen Statisten mobilisieren, die sich als Leichendarsteller in amerikanischer Kulisse in Feinfrost-Lkw schichten lassen oder glaubwürdig behaupten, eine sehr unangenehme Viruserkrankung mit Luftnot überstanden zu haben. Ich finde es klasse, wie gut Leute schauspielern können und da war nicht jeder auf der Ernst Busch. Wie krass konsequent ist es, hunderte Gräber auszuschaufeln, nur damit es von oben gefilmt werden kann und es ist schon ein bisschen verrückt, tausende italienische Todesanzeigen zu erstellen, nur um zu behaupten, dass es Tote gegeben hat.

»Jedenfalls,« reißt mich die Ladeninhaberin aus meiner Gedankenwelt, »ist das der Anfang der Vermummung von uns allen. Überleg doch mal, jetzt tragen alle Frauen diese Masken und bass uff, in ein paar Wochen müssen wir die Haare bedecken und dann haben uns die Moslems endlich komplett eingemummelt. Die Jobs fallen weg, die Frau muss wieder an den Herd und sich selber um die Kinder kümmern, und da ist ja nun das Kopftuch nicht mehr weit.«

Ich überlege, wo eigentlich all meine Tischdecken von früher hin sind, falls die Verordnung schnell kommt, könnte ich so erst einmal improvisieren. Jetzt wird mir auch klar, warum die Friseure gehalten sind, wegen der Virenhaltigkeit die Haare der Kunden immer vor Beginn der Sitzung zu waschen – das Haar sollte uns unrein geredet werden und wir würden es vielleicht in ein paar Wochen echt freiwillig bedecken, auch um andere mit unseren coronahaltigen Locken nicht zu kontaminieren. Ich verspüre Dankbarkeit. Endlich erweckt mich jemand so schnell und logisch; das hätte ich nicht erwartet, dass die Dinge von so langer Hand vorbereitet wurden.

»Danke«, sage ich, »das war mir gar nicht so klar«, und schwebe erleuchtet davon.

Bares für Rares

Fernando ist ein Mann aus Mosambik. Zu DDR-Zeiten schon in Gera im Modedruck als Arbeiter gelandet, blieb er mit der Wende einfach übrig und wurde aus Versehen nicht zurückgeschickt. Also heiratete er hier, gründete eine Familie und machte sich selbständig. Erst auf dem Bau und dann, als die Knochen das nicht mehr so mitgemacht haben, eröffnete er ein Geschäft für afrikanische Lebensmittel.

Zum damaligen Zeitpunkt gab es allerdings außer ihm nicht so viele afrikanische Kunden, so dass er eines Tages eine kleine Bar mit in den Laden integrierte. Das war in Deutschland gar nicht so einfach, denn nun brauchte er Toiletten für alle und die Reistüten durften nicht in der Nähe der Klotür stehen und dann musste er ständig putzen und irgendwann durfte nicht mehr im Lokal geraucht werden, wenn er da nebenbei Lebensmittel verkauft. Er setzte immer redlich alle deutschen Regeln um, verabschiedete sich von den Lebensmitteln und hat jetzt nur noch den Barbetrieb.

Der ist tatsächlich traumhaft, vor allem, wenn man nach Betreten des Lokals durch die Rauchschwaden endlich Menschen sieht. Manche sieht man selbst dann nicht so gut im schwummrigen Barlicht, weil sie ganz dunkle Haut haben. Artig sitzen sie neben deutschen Gästen, trinken Bier, rauchen und gucken Bares für Rares oder Fußball. Fernando steht an der Bar und lacht immer, vor allem, wenn er seine Geschichten erzählt. Dass seit der Zuwanderung aus Eritrea ihn dauernd Deutsche mit gebrochenem Deutsch Möbelstücke anbieten. Dass seine Kinder oft in der Schule gefragt werden, wie die Flucht war. Dass seine Frau plötzlich beim Einkaufen gefragt wird, ob sie das gut findet, vom Staat zu leben. Für ihn ist es schwieriger geworden in Deutschland, seit so viele aussehen wie er. Vorher war er ein Exot, der fließend Deutsch kann und sein Zeug gemacht hat, jetzt halten die Leute ihn für einen Neuling, der auf ihre Kosten lebt. Aber Fernando lacht darüber und steckt sich noch eine Zigarette zwischen die weißen Zähne und wendet sich wieder seinen Gästen zu. Einer von ihnen hält mir zum Abschied die Tür auf.

»Früher hatte man dafür ja nen Neger«, kichert er und hat prompt einen Bierdeckel aus Richtung Bar am Kopf.

»Prost«, ruft es und sie gucken weiter zu, wie Leute im Fernsehen ihre Schätze zum Verkauf anbieten.

Fastenzeit

»Fasten Sie?«, fragt die Frau, während sie das erworbene Buch in ihrem Beutel verstaut. Stimmt. Es ist Fastenzeit. »Ich kann das nicht«, sagt sie weiter. »Es kommt ja jetz der Frauentag, da kann man sich ja dann als Fastende gar nicht zu feinem Essen betrinken und die Errungenschaften des Feminismus angemessen feiern. Dann noch der Autofrühling in der Innenstadt, wie soll das denn ohne Roster gehen?«

»Na ja«, sage ich, »es muss ja nicht immer der Verzicht auf Grundnahrungsmittel wie Pasta und Vino sein, man kann ja auch mal auf etwas verzichten, was nichts zum Essen ist. Handy fasten zum Beispiel, oder Facebook oder Instagram oder Popeln – einfach mal auf was verzichten, was einem lieb ist, damit man sich hinterher mehr daran freut. Oder aber was Neues für sich entdeckt, was man in der kostenbaren Lebenszeit machen kann.«

Die Frau kichert. »Da könnte ich ja Männerfasten machen. Ich antworte gern auf Kontaktanzeigen, treffe mich mit denen und wenn sie angebissen haben, reagiere ich nicht mehr. Das macht Spaß, aber eigentlich ist das überflüssig, ich will ja gar keinen Mann mehr.«

»Echt? Und warum nicht?«

Sie seufzt schwer. »Wissen Sie, irgendwann sitzen die doch alle in Schlumpersachen aufm Sofa und pupsen. Sie geben sich anfangs Mühe und dann, so nach und nach, bauen sie ab, kratzen sich am Arsch und in den Achselhöhlen, verzielen sich beim Pinkeln, nee, ich mach das nicht mehr langfristig. Ich mag nur den Anfang.«

Tja, da hilft auch kein Fasten mehr – wobei er dann vielleicht wenigstens nicht mehr pupsen würde. Wovon auch. Ich wünsche ihr viel Spaß beim Dating.

Frohes Fest!

Ich kannte Thomas schon seit einigen Jahren, »von früher«, wie man so sagt. Er war ein Außenseiter gewesen, den kein Mädchen beachtete. Später war er Übungsleiter beim Geräteturnen für kleine Mädchen – die schauten zu ihm auf, nahmen ihn ernst, wenn er beim Doppelbock an der Taille die Hilfestellung gab. Weil er diesen Job etwas zu ernst genommen hatte, war er länger nicht mehr in der Öffentlichkeit zu sehen, ich hatte dann irgendwann die Stadt verlassen, wir verloren uns also eine lange Zeit aus den Augen. Umso lustiger war es, sich zufällig auf einem Weihnachtsmarkt auf dem Land wiederzutreffen.

Er trug ein Weihnachtsmannkostüm und hatte schon den ein oder anderen Glühwein verzehrt, erkannte mich tatsächlich wieder und erzählte mir, dass er heute den Weihnachtsmann gebe und die Kinder nach ihren Wünschen befrage. Dann ging es auch schon los. Er nahm auf dem großen Sessel Platz und hatte seinen Sack neben sich stehen. Also den Jutesack natürlich. Ein kleines Mädchen betrat die Bühne und setzte sich auf den Schoß des Weihnachtsmannes, winkte ihrer Mama. Die stand neben mir und erzählte gerade ihrer Freundin, dass die blöde Schnauze aus dem Nachbarhaus ihr schon wieder dumm gekommen sei. Der Weihnachtsmann fragte die Kleine nach ihrem Namen.

»Anastasia Juliette«, flüsterte sie ins Mikro und zog verlegen an ihrem Schal. »Und was wünschst du dir zu Weihnachten?«, fragte der Weihnachtsmann und zog sie nochmal fester an sich – natürlich nur, damit sie nicht runterfiel.

»Eine neue Barbie, die mit dem Einhorn«, sagte das Kind schon lauter und guckte wieder zur Mutti. Die rauchte eine und tippte auf ihrem Handy eine Herzchen-Smiley-Nachricht an einen gewissen Andreas. Der Weihnachtsmann legte zärtlich den Arm um das Kind.

»Na, wenn Du schön lieb bist, werde ich dir das bestimmt bringen. Und jetzt darfst du mal in meinen großen Sack schauen, ob da etwas für dich drin ist.«

Zufrieden verließ das Kind mit einem Schokoladenweihnachtsmann die Bühne und suchte ihre Mutter.

Thomas hatte erst einmal Pause.

»Ach, es muss herrlich sein, wenn man sein Hobby zum Beruf machen kann, oder?«, fragte ich vorsichtig.

Er lachte und winkte lässig ab: »Ach, die alten Geschichten. So, ich muss weitermachen.«

Eine kleine Schlange Kinder hat sich schon gebildet. Er zog das nächste Mädchen auf seinen Schoß.

»Na, wer bist Du denn?« Die Mama filmte begeistert.

Frühling 2021

An manchen Tagen ist es zunächst wie früher. Im Küchengarten auf einer Bank in der Sonne sitzen, den Finkid-Muttis beim Ausführen der Kinder zuschauen, sich für die Senioren aus dem benachbarten Heim mitfreuen, dass es endlich mal wieder raus geht.

Gegenüber auf der Bank sitzt ein Mann, vornübergebeugt, die Hände ineinander gefaltet, die Baseballkappe ins Gesicht gezogen. Er sitzt wie mein Vater und mir fällt ein, dass ich den heute vor drei Jahren höchstselbst ins Grab geredet habe. Er hat immer gesagt, ich bringe ihn noch ins Grab und er hat Recht behalten. Zwei Finkid-Muttis lästern über eine andere Mutti, die ihren Kinderwagen mit der Zigarette im Mund schiebt. Das Finkid-Kind eins fällt im Schlamm des Springbrunnens auf den Hintern. Keine der Finkid-Muttis will den Nachmittag beenden, nur weil das Kind jetzt einen nassen Schinken hat.

Die Zigaretten-Nicht-Finkid-Mutti bietet spontan eine Windel an. Die Finkind-Mutti nimmt dankend an, nähert sich dem Wagen allerdings nicht mehr als einem Meter fünfzig. Abstand halten kann auch ganz schön sein. Der Rentner, der die Papierkörbe mittels eines Vierkants öffnet, um Pfandflaschen zu finden, trägt einen Mundschutz. Eine Dame sitzt am äußersten Rand ihrer Bank. Ein älterer Herr fragt höflich, ob da noch etwas frei sei. Sie nickt. Er setzt sich direkt und ganz eng zu ihr. Sie stellt ihre Tasche neben sich. Er möchte zu ihr sprechen. Man sieht ihr an, dass sie seine Aerosole nicht einatmen möchte. Ich schließe mit mir Wetten ab, ob sie es offen sagt oder nicht. Ich gewinne.

Sie sagt, dass sie jetzt ohnehin los möchte und geht. Ein Mann hat sich eine Eiswaffel gekauft und versucht versehentlich den Verzehr mit dem Mundschutz.

Frühling 2021.

Gabi wartet im Park

Als ich noch jung war, habe ich gern mit meinem Walkman aus dem Westen eine Kassette von Udo Jürgens gehört. Die hieß »Willkommen in meinem Leben« und darauf war ein Lied namens »Gabi wartet im Park.« Weite Teile meiner Kindheit habe ich mich gefragt, warum der Singende mit seiner Frau zu Hause hockt, während Gabi im Park auf ihn wartet. Später wurde mir klar, dass Gabi ehefeindlich ist und man sie lieber als Singender nicht trifft, damit man nicht die Ehefrau betrügt.

Jetzt, im Alter, bin ich immer mal im Park und denke an dieses Lied, es beschäftigt mich noch immer, dass er etwas mit ihr ausmacht und dann nicht kommt und sie dann wartet und wartet, die Gabi.

Vor ein paar Tagen bin ich im Park mit der minderjährigen Mitbewohnerin auf eine syrische Familie gestoßen, die sogar einen Vogelbauer mit auf der Picknickdecke hatten. Erst wollte ich der Minderjährigen lieber die Augen zuhalten, falls die Wellensittiche auf den Grill kommen. Dann trat ich aber näher und guckte mal, was die Familie da so treibt. Auf dem kleinen rauchenden Grill lagen köstliche Lammwürstchen, die Leute umwickelten sie mit Fladenbrot, es gab Tee und Melone. Sie deuteten an, dass wir uns zu ihnen setzen sollen. Vorsichtshalber taten wir das, auch weil das Grillgut so gut roch und ich ja immer Hunger habe. Wir Frauen lächelten uns an, dann kam der Grillmeister, belud unsere Pappteller und sagte strahlend: »Handy« und verbeugte sich. Ich war verblüfft. Wollte der jetzt etwa mein Handy? Was soll der denn mit meinem alten iPhone? Er hatte sicherlich ein viel neueres Modell ... was wäre, wenn er als nächstes »Geld« sagen würde? Müsste ich dann meine bescheidene Barschaft bei ihm abgeben? Nun ja. Wir sind im Prinzip allein im Park und ich bin ja wohl selbst schuld, wenn ich mich hier einfach hinsetze.

Das arme Kind, die jetzt der Ausraubung ihrer Mutter beiwohnen muss. Der Mann strahlt weiter und verneigt sich. Ich halte mein Handy hoch. Alle lachen. Ich weiß nicht warum.

»Nein, nein«, ruft der Mann, »wir heißen Handy. H-E-N-D-I.«

Ach soooo. Wir unterhalten uns ein bisschen. Familie Hendi kommt aus der Nähe von Damaskus, die beiden Kinder gehen seit ein paar Monaten schon hier in die Schule, die Mutter ist die Einzige, die keinen Fetzen Deutsch kann.

»Warum geht Frau Hendi nicht in einen Sprachkurs?«, frage ich und bekomme zur Antwort, dass sie das nicht müsse, weil sie ja ihre Familie habe.

»Aber Herr Hendi, stellen Sie sich mal vor, Sie haben bei ihrer Umzugsfirma einen Unfall, ein Schrank fällt auf Ihren Kopf, die Frau alleine, wie soll sie das ohne Sprache machen?«

Herr Hendi ist überzeugt davon, dass ihm kein Schrank auf den Kopf fällt. Kann man nichts machen, zumal Frau Hendi strahlend neben uns sitzt und gar nicht weiß, dass ich ihre Anwältin bin. Ich beschließe, zum Tierschutz zu wechseln.

»Was haben Sie denn mit den Wellensittichen vor? Braten Sie die?«

Herr Hendi lacht: »Nein, die sollen auch mal rauskommen, es ist so schöne Sonne.«

Da hat er Recht. Später erkläre ich ihm mit Hilfe seiner Kinder, die dolmetschen, dass es nicht gut ist, wenn Frau Hendi kein Deutsch kann. Wie soll eine Mutter ihre Kinder erziehen und als Respektsperson gelten, wenn sie nicht die Sprache der neuen Heimat beherrscht? Wie soll sie ihre Kinder für das Leben fitmachen, wenn sie nicht mal eine Kugel Eis bestellen kann? Und wie sollen die Kinder gut in der Schule sein, wenn ihnen keiner bei den Hausaufgaben helfen kann?

Er verspricht, es sich zu überlegen. Er wirkt aber nicht so. Monate später treffe ich die Kinder bei einem Schulfest wieder. Frau Hendi hatte während des Homeschoolings angefangen, Deutsch zu lernen, damit sie den Kindern bei den Schulaufgaben helfen kann. Jetzt arbeitet sie bei Amazon und packt dort Pakete, übt weiter fleißig Deutsch und ihre Kinder sind sehr stolz auf sie, vor allem, seit sie arbeiten geht und mit den Mädels shoppen gehen kann.

Herrn Hendi gibt es nicht mehr. Frau Hendi hat ihn rausgeschmissen, nachdem ihr eine Sozialarbeiterin erklärt hatte, dass man das in Deutschland machen könne.

»Wer hat die Wellensittiche gekriegt?«, frage ich und die Mädels kichern: »Die haben wir gebraten.« Eilig laufen sie davon. Wie Teenager eben so sind, wenn man zu viele Fragen stellt.

Gera steht auf

Neulich lag im Briefkasten ein Flyer, auf dem stand: »GERA STEHT AUF«.

»Na endlich«, dachte ich und las neugierig weiter. Gegen Überfremdung sollte es auf die Straße gehen.

»Da bleibe ich doch lieber sitzen«, dachte ich, obwohl die anderen Themen wie soziale Ungerechtigkeit, Lehrermangel und die Forderung nach mehr sozialem Wohnungsbau durchaus Themen sind, für die man tagtäglich auf die Straße gehen sollte. Aber nicht, wenn Überfremdung drübersteht.

Tage später ein Video im Internet. Ein Bürger aus Bieblach-Ost in Jogginghosen steht vor einem Thügida-Auto und spricht zu dem dort johlenden Volk. Es gibt Stunden, da wünscht man sich einfach einen Stromausfall, leider funktionierte dort alles und er war gut zu hören, als er verkündete, dass die Flüchtlinge Badewannen bekommen und wir Deutschen nicht. Das fand ich ja wirklich ungerecht und startete bei Facebook eine Umfrage unter meinen Freunden und zum Glück gaben alle an, eine Badewanne zu besitzen. Manche hatten sogar eine Dusche, Laminatboden und eine Freundin sogar Türen – innerhalb der Wohnung. Sie war also eine Mehr-Türerin. Zum Glück hatten auch alle ein Klo, in das sie nach diesem Video brechen konnten.

Der Typ im Video berichtete weiter, dass die Flüchtlinge sogar den Führerschein bezahlt bekommen und Deutsche nicht. Sofort erinnerte ich mich an die Fahrschule, in der ich neben einem jungen Ausländer saß. Der lernte Klempner und stotterte vom Azubigeld die Fahrschule ab. Der sorgte für Aufsehen, als er angab, für Fußgänger nicht nur ständig anhalten zu wollen, sondern auch älteren Menschen über die Straße helfen zu müssen. Das sei eigentlich eine Verkehrsbehinderung, wenn er ständig anhalte, sagte der Fahrlehrer und der junge Mann war verblüfft. Die deutschen Schüler schauten erstaunt von ihren Smartphones auf.

Eine von ihnen berichtete die ganze Zeit, dass sie ihren Führerschein vom Amt bezahlt bekomme, weil sie einen Deal mit einem auswärtigen Arbeitgeber gemacht habe, der sie dann in der Probezeit gleich kündigt. Die Dame musste dem Typ aus Bieblach-Ost irgendwie entgangen sein.

Der Bürger aus Bieblach-Ost berichtete ferner, dass seine Nichte auf dem Land keinen Kindergartenplatz bekommen habe, weil die Flüchtlingskinder ihr den weggenommen hätten. Dann musste ich ausschalten, sonst hätte ich noch schlechtere Laune bekommen.

Tage später treffe ich einen syrischen Kumpel, dem ich vom Badewannen-Notstand der Deutschen berichte. Spontan bietet er mir an, doch einfach seine Wanne zu benutzen, das ginge ja nun nicht, dass die Deutschen keine Badewannen mehr haben. Vielleicht kann der Herr aus Bieblach-Ost bei ihm baden, ich werde es ihm mal anbieten.

Gersche Gewürzkunde(n)

2015. Der Sommerurlaub war vorbei und ich streifte durch die innerstädtischen Shoppingmeilen der Altstadt. Damit ist man in Gera recht schnell fertig. Dennoch fiel mir die permanente Bewerbung von Pfefferspray auf. In mehreren Geschäften, die sonst auf dem breitgefächerten Angebot der Ein-Euro-Angebote fußen, hingen sogar im Schaufenster Zettel mit der Aufschrift: »Pfefferspray hier!«

Irgendetwas hatte ich verpasst, insbesondere mich mit Pfefferspray zu bevorraten, wenn das derzeit eine solche Nachfrage erfährt. Eines Tages siegte die Neugier und ich spazierte in eines der Pfefferspraygeschäfte hinein.

»Guten Tag, ich wüsste gern, was es mit dem Pfefferspray auf sich hat«, läutete ich den Dialog mit der Kollegin an der Kasse ein.

»Das ist wegen der Syrer.«

Ich überlege angestrengt. »Ach soooo, verstehe. Tja, andere Länder, andere Sitten. Das ist schlau, mit Pfefferspray zu arbeiten, mit der Pfeffermühle verteilt sich das Zeug ja doch etwas zu partiell auf dem Steak. Die Italiener sprühen ja auch Balsamico auf ihren Mozzarella«, lächle ich und betrachte die dargebotene Spraydose.

Irritiert schaut mich die Verkäuferin an. »Na was macht man denn sonst damit?«, frage ich sie.

Sie beginnt, Dinge zu sortieren, und sagt nix mehr.

Gute Besserung

Vorweihnachtszeit. Es ist zeitiger dunkel und man hat an manchen Arbeitstagen das Gefühl, bei Dunkelheit das Haus zu verlassen und nach Feierabend im Dunkeln nach Hause zu gehen. Die ideale Jahreszeit für halbseidene Gestalten, die in Hauseingängen und Grundstückseinfahrten herumlungern, die ersten Böller in der Heinrichstraße auf Passanten werfen oder sonstige merkwürdige Dinge treiben.

Als ich an diesem Tage die Kanzlei verließ und die Treppen hinunterging, standen vorm Haus vier junge Typen südländischer Optik. Ich ging weiter, sie taten so, als sei nichts Besonderes, unterhielten sich über eine Lehrerin und ich überquerte die Straße. Kaum, dass ich weg war, sah ich, dass sie sich treppauf in Richtung Kanzleieingang bewegten.

»Ah, ja, klar. Die gucken, wann wir auf haben«, dachte ich mir und verteilte schon gedanklich Vollmachtsformulare. Der links die gefährliche Körperverletzung, sein Kumpel in der Trainingshose Diebstahl und die beiden anderen waren sicher dabei und haben nichts gesehen. Oder wie es einmal ein Mandant ausdrückte: »Die haben mir diese graue Plastiktüte auf dem Rücksitz in die Hand gedrückt, ich wusste nicht, dass da Drogen drin sind.«

Sie schleichen um Briefkasten und Klingel herum, lachen und klopfen sich auf die Schulter, rufen laut den Namen meines Arbeitgebers und trollen sich.

»Gut«, denke ich, »die kommen sicher morgen wieder oder rufen an.« Am nächsten Tag schaue ich in den Kanzleibriefkasten und finde unzählige Prospekthüllen mit Tannenzapfenscheiben vor. Die sind sternenförmig und in der Mitte prangt jeweils ein dicker glitzernder Plastikdiamant. Eine Schleife dient der Aufhängung. Dazu ein Stapel Blätter. Auf denen sind Weihnachtsmotive bunt ausgemalt und darauf steht »Frohes Fest« und auf jedem Blatt ein arabischer Name. Manche haben auch mühevoll »Fröhliche Weihnachten« oder »Gute Besserung« aufgeschrieben.

Das ist ja ein Weihnachtswunsch, der meiner Meinung nach immer zu kurz kommt. Andere schrieben noch »Danke!« darauf. Was sollte das denn sein? Misstrauisch kontrolliere ich die Dinger noch auf weißes Pulver oder tickende Umschläge mit Kabeln ... nichts, nur die Hüllen mit gebastelten Sternen und Grüßen.

Ich schleppe alles zum Arbeitgeber und er hat zum Glück sofort die Verknüpfung: Die krank daniederliegende Ehefrau unterrichtet eine Klasse voller Jugendlicher, die nicht blond und blauäugig sind und immer mal Probleme in Deutsch haben. Und die haben offenbar den Namen gegoogelt und sich überlegt, beim Ehemann kleine Weihnachtsgaben für die Lehrerin abzuliefern. Die Freude vor unserer Tür war scheinbar die Freude über die Entdeckung des Nachnamens an Briefkasten und Klingelschild. Die Freude der Lehrerin war natürlich auch groß, als der Gatte die Gaben aushändigte. Und ich? Hatte mich auch mal beim Klischeedenken erwischt. Nichts mit Vollmachten und neuen Akten, die waren leider nur nett gewesen. Aber vielleicht beim nächsten Mal.

Haltestellengespräch mit Weihnachtstüten in der Hand

Mann: »Ich habe meiner Frau einen Adventskalender gebastelt. Wochenlang heimlich die leeren Klopapierrollen aufgehoben, einmal hat sie alle weggeworfen, da hab ich so getan, als hätte ich Durchfall, hab ich nochmal mit sammeln angefangen. Gestern Nacht habe ich sie alle angemalt und beklebt und Geschenke reingetan und wie Bonbons eingepackt.«

Ich: »Wow, was für ein Aufwand. Was kriegt sie denn am 24.?«

Mann errötet. »Das wollen Sie nicht wissen.«

Ich: »Doch. Mich schreckt nix mehr.«

Mann: »Da hab ich die leere Küchenrolle mit Glitzersteinen verziert. Ich putze Heiligabend vormittag nackt – nur mit der Küchenrolle über, na Sie wissen schon, die Wohnung.«

Ich: Schluck.

Mann: »Ich hab Sie gewarnt.«

Heute Mittag am Randgruppenstammtisch

Als ich beschließe, heute Mittag essen zu gehen, ist es schon halb zwei. Die Bestattungskunden waren nach meiner Trauerrede sehr aufgeschlossen gewesen und so kann ich ruhigen Gewissens ihr Geld in die regionale kleine Mittagessengastronomie tragen.

Ich setze mich neben einen alten Mann, der Probleme beim Essen hat, weil ihm im Prinzip der halbe Zahnbestand fehlt. Ich kenne ihn vom Sehen, er ist ein alter Wismuter, der zur Allgemeinärztin in unserer Straße geht und immer mit dem Kopf schüttelt. Er ist ein »Urgerscher« und es ist gut, mit ihm zu reden, denn er vertritt einen Bevölkerungsteil, der einem nicht jeden Tag vor die Flinte läuft.

»Pegida«, nuschelt er zwischen zwei Kartoffelstücken, »als ob die Ausländer das einzige Problem in diesem Land sind.«

Ein Herr um die Fünfzig kommt herein, bestellt das gleiche Essen wie ich und fragt, ob bei uns noch Platz sei.

»Für Wessis nich«, knurrt der alte Wismuter und isst weiter.

»Klar«, sage ich und rutsche ein bisschen.

»Woher wissen Sie denn, dass er ein Wessi is?«, frage ich den Wismuter und er erwidert:

»Hat unser Nachbarhaus gekooft.«

»Is doch schön«, sage ich und der Wessi lächelt. Er legt zum Essen die Uhr ab.

»Stoppen Sie oder was?«, kichere ich.

»Nee, die klappert so nervig beim Essen, da mach ich sie lieber ab.« Sagt er mit einem breiten fränkischen Akzent und widmet sich seinem Futter.

Der alte Wismuter schüttelt mit dem Kopf. »Klappert«, brummt er.

»Wo haben Sie denn ein Haus gekauft?«, frage ich und der Wessi berichtet von der Bruchbude im Ostviertel, drei Wohnungen habe er top saniert und nun eine Wohnungsübergabe gehabt.

»De alten Mieter rausgehauen«, brummt der alte Wismuter.

»Hätten ja wieder einziehen können«, brummt der Wessi zurück und wischt sich einen Soßenfleck von der Krawatte.

»Klar, für fünf Euro kalt.«

»Is doch nich so viel für neu saniert«, sage ich und der Wessi nickt.

»Eben.«

Schweigend essen wir.

Die Tür geht auf und ein stadtbekannter Finanzheini tritt ein. Der alte Wismuter stöhnt. Der Wessi stöhnt. Ich stöhne.

»Guten Tag«, dröhnt der stadtbekannte Finanzheini und bestellt sein Essen. Vor unserem Tisch bleibt er stehen.

Der Wessi legt seine Jacke auf den freien Stuhl neben sich. »Alles besetzt«, ruft er.

»Der hat mich was übers Ohr gehauen, das Schwein«, flüstert der Wessi.

»Der wollte mir nen Immobilienfond verkaufen. Nen geschlossenen«, flüstert der alte Wismuter.

»Ich hab mal ein Tschacka-Seminar von ihm besucht«, flüstere ich.

Der Wessi kauft Apfelschorle für uns drei.

»Hamm Sie noch ne Wohnung frei, im Erdgeschoss?«, fragt der alte Wismuter.

»Für Sie immer«, erwidert der Wessi, » aber fünf Euro kalt will ich schon.«

»Is doch nich so viel für neu saniert«, sagt der alte Wismuter.

»Eben«, sage ich.

Hingucken

Morgens auf dem Weg zur Arbeit. An der Ampel ein Typ auf dem Fahrrad, hinter ihm im Kindersitz ein kleines Kind, bitterlich heulend. Verstehe ich. Es ist kalt, es ist früh und wahrscheinlich war es bissl stressig jetzt auf dem Weg in den Kindergarten.

Als ich näher rolle, höre ich sie reden: »Sei doch jetzt still, Luise, dann darfst Du eben früh nicht mehr spielen, wenn du es nicht schaffst, dann loszugehen.«

Das Geschrei schwillt an. Ich starre genervt geradeaus. Ein Moment der Dankbarkeit, dass meine minderjährige Mitbewohnerin solche fiesen Frequenzen nicht mehr erzeugt. Ein großer Lkw fährt vorbei und hinterlässt eine staubige Abgasluft. Das Kind schraubt seine Stimmlage eine weitere Oktave höher. Als ich es dann doch anschaue, ist mir der Grund für das Gebrüll klar: Die Mütze ist komplett über den Kopf gerutscht, wie ein kleiner Ritter mit geschlossenem Visier hockt das Mädchen in seinem Sitz und die Füße sind noch nackt. Irgendwie hat der Typ heute einen schlechten Tag und der beginnt leider erst.

Vorsichtig spreche ich ihn an: »Äh, Entschuldigung, ich glaube, Sie haben dem Kind keine Schuhe angezogen und die Mütze ist über den Kopf gerutscht, die sieht nix.«

Entnervt steigt er ab. Die Ampel ist grün, aber er hat jetzt erst einmal ein anderes Problem: »Luise, der Papa muss zur Arbeit, warum ziehst du dir denn keine Schuhe an?«, flucht er und radelt wieder zurück Richtung Untermhaus.

Wer kennt sie nicht, diese Tage, an denen die anderen gewinnen? Oft werden diese Tage aber auch noch ganz schön, weil man einfach ab Mittag dann loslässt und einfach wartet, was noch so kommt, die Kraft zum Aufregen allmählich ausgeht und man sich treiben lassen kann. Bei einer meiner letzten Fremdenführungen sprach mich eine Teilnehmerin beim Besuch des irakischen Lebensmitttelladens an und sagte:

»Das muss Ihnen doch leid tun, dass Sie Ihren Laden zu machen mussten und die ganzen Ausländer jetzt Läden aufmachen, oder?«

»Nö,« erwiderte ich, »die Ausländer haben uns gegenüber einfach gewisse Vorteile: Manche tun sich zusammen und kaufen gemeinsam ein, das senkt die Einkaufspreise erheblich. Und das Wichtigste ist natürlich, dass die ganze Familie mithilft und auch die Freunde zusammenhalten und nur dort einkaufen. Der hiesige Gründer hat oft hechelnde Konkurrenz, die Familie ist verteilt auf ganz Deutschland und die meisten Bekannten – seien wir ehrlich – kaufen dann doch woanders ein. Dagegen hatte ich einfach keine Chance. Dafür können die Ausländer nichts. Und wenn die nicht wären, stünden hier noch mehr Läden leer.«

Sie nickt nachdenklich und nimmt schüchtern eins der Bonbons, die der Inhaber gerade verteilt. Sie wartet, ob ich meins auch esse und überlebe. Dann steckt sie ihres in den Mund. Es wird dauern mit der Integration.

Hofwiesenbad Gera

Dank der neuen Mitbewohner Geras ist die Gebrauchsanweisung fürs Bad nun in mehreren Sprachen verfasst. Unter anderem steht darin, dass der Fußboden im Bad glatt ist und Rutschgefahr besteht. Aus diesem Grunde sei das Laufen verboten.

Ich: »Oh Mist, ich kann keinen Handstand.«

Kassiererin: »???«

Ich: »Naja, wenn ich im Bad nicht mehr laufen darf, muss ich doch irgendwie ins Wasser kommen.«

Als wir gehen, starrt sie noch immer auf den Zettel.

Wenn die Badegäste aus anderen Ländern jetzt alle vorschriftsgemäß durch die Schwimmhalle kriechen, hopsen, auf Händen laufen oder gar krabbeln, wird es auch wieder nicht richtig sein.

Ich hab da schon mal was vorbereitet

Vor einiger Zeit kam ich bei Dunkelheit von einer Lesung aus einem Geraer Hotel in dem Viertel, was unter Eingeweihten als unfassbar gefährlich gilt. Die Rezeptionistin fragte mich noch, ob ich jetzt wirklich nach Hause laufen wollte. Klar, die Auftraggeber hatten ihre restliche Geburtstagstorte an mich verfüttert und so hatte ich ein paar Schritte wirklich nötig. Dann eben durch Klein-Aleppo, wie der eine oder andere Gersche die Gegend am Südbahnhof nennt.

Von früh bis spät öffnen dort Gemüseläden und andere zwielichtige Gewerbe, sogar Friseure und Imbisse und Menschen mit Kindern und Kopftüchern laufen frei umher. Ich öffnete also auf dem Heimweg schon mal vorsichtshalber meine Handtasche und die Jacke, damit es dann schneller ging, als sich ein südländisch aussehender Typ näherte. Jaja, so steht's dann in der Zeitung drin, dachte ich:

»Die Geraer Autorin Jana H. wurde Opfer eines südländisch aussehenden Herrn. Sie, die sich gern für die Integration einsetzte, wird sich das wohl künftig ...«.

Ich schickte mich schon an, in einem Hauseingang meiner Wahl den Überfall zu ertragen, da sagte der doch zu mir, meine Handtasche sei offen und ging einfach weiter. Aach, da hatte ich schon mal alles vorbereitet. Ärgerlich ging ich weiter. Haltestelle Heinrichstraße. Neben mir ein gersch sprechender Unhold.

»Alkoholverbot, so ein Schwachsinn,« höhnte er, »Kopftuchverbot sollten se mal hier machen, da wär wenigstens Ruhe.«

»Echt, raschelt der Stoff so laut oder was?«, fragte ich. Er winkte ab und pinkelte in den Mülleimer. Nicht mal beschnitten war er.

Ich lebe noch

... rief die minderjährige Mitbewohnerin erfreut, während sie ein Kräuterkissen nähte.

»Ja, warum nicht?«, erwiderte ich und bekam prompt einen Kettenbrief auf dem Handy präsentiert. Furchtbar, diese Dinger. Eine tote Frau kündigte an, zu erscheinen und bei Nichtweiterleitung der Nachricht schrecklich aussehend in einer Zimmerecke zu stehen, mit Messern zu werfen und gern auch bei Gelegenheit mit einer eiskalten Hand Würgearbeiten vorzunehmen. Jedenfalls werde man die nächsten beiden Tage nicht überleben. Ungünstig. Da die minderjährige Mitbewohnerin bereits eine ausführliche Kettenbriefbelehrung genossen hatte, war ihr klar, dass nichts passieren würde und man seine Freunde nicht auch noch damit belasten sollte.

Dennoch blieb aber einfach ein kleines ungutes Gefühl an den nächsten beiden Tagen, was sich nun heute in Wohlgefallen auflöste.

»Ich lebe noch ...«

Eigentlich könnte man sich das spontan am Beginn jedes neuen Tages vorsagen und sich freuen. Macht man aber meistens nicht, ich zum Beispiel wache manchmal auf und fürchte mich ein bisschen vor dem neuen Tag. Was da nicht alles passieren könnte! Es ist natürlich ungünstig, wenn man wie ich zum Beispiel zwischen einem Job beim Strafverteidiger und als Trauerrednerin pendelt und auch noch eine kleine hypochondrische Tendenz hat. Jederzeit kann ein Unfall passieren, ein Axtmörder könnte ohne Kettenbrief unterwegs sein und auch der Sensenmann könnte unverhofft vor der Tür stehen und sagen: »Komm, es geht los.«

Man könnte jederzeit ein Bein verlieren oder das Gehör, den Job oder einen lieben Angehörigen. Ich versuche an den schlechteren Tagen, an denen die Gedanken eine Zehnerkarte fürs Karussell gelöst haben, etwas Schönes geschehen zu lassen. Das geht manchmal ganz schnell, wenn man ein bisschen leicht zu unterhalten ist: ein buntes Blatt, das Lächeln eines fremden Kindes, ein Lied aus besseren Zeiten, ein Stück Kuchen oder ein Fundstück beim Rumlaufen. Es ist ja auch so, dass man mit den schlechten Erlebnissen meist irgendwie klarkommt. An der Nordsee kann man das gut üben ... im Schlick versinken und doch – manchmal mühevoll – wieder rauskommen. Dank Facebook und Insta wissen wir oft, was den Erfolgsmenschen da draußen alles Gutes passiert, was für geile Urlaube sie machen, wie sie mit ihren zahllosen guten Freunden Essen gehen und selten lesen wir, dass jemand völlig abgefuckt mit der Bettdecke über dem Kopf auf bessere Zeiten wartet. Dabei kommen die besseren Zeiten – manchmal muss man leider nur ein bisschen warten können.

Umso schöner sind sie dann. Mein Vater hat immer gesagt: »Wer scheißen will, muss och drücken.«

Das kann man in vielen Alltagssituationen anwenden, meist natürlich in gefliesten Räumen. Aber man kann es eben auch umdeuten, dieses glorreiche Zitat. Zum Beispiel in: »Wer will, dass es ihm besser geht, muss auch was dafür tun.«

Vielleicht morgens einfach aufstehen mit dem Mantra: »Ich lebe noch.«

Kann nicht jeder.

Illegale Tomaten

Als ich neulich auf einem meiner Spaziergänge an der Elster entlanglief, fiel mir eine Pflanze auf, die mir irgendwie bekannt vorkam. Sie hatte tolle gelbe sternförmige Blüten, aber für Johanniskraut war es noch zu früh im Jahr. Ihre Blätter waren rau, sie kamen mir auch so bekannt vor, auch ihr Geruch, aber ich kam nicht drauf und stromerte weiter.

Ein paar Wochen später erkannte ich dann die kleinen grünen Früchte, die sich aus den gelben Blüten entwickelt hatten. Klar, Tomaten, ich erinnerte mich an die Jahre im Schrebergarten. Aber an der Elster? Wie kamen die denn dahin?

Erst neulich hatte ich einen Artikel über »urban gardening« gelesen, wo junge Leute in der Stadt auf Brachflächen gemeinsame Nutzgärten anlegten. Aber normalerweise braucht jeder Trend ja zwei, drei Jahre, um nach Gera überzuschwappen – sollte ein früher Trendsetter am Elsterufer Tomaten gesät haben? Wieder Tage später waren die Pflanzen ganz schön gewachsen und ich dachte bei mir, der urbane Trendgärtner müsste jetzt mal erscheinen und die Stiele anbinden. Doch nichts geschah.

Mittlerweile stellte ich sogar verschiedene Sorten fest, die sich allmählich bunt färbten. Fleischtomaten, Cocktailtomaten, gelbe kleine Tomaten – das Elsterufer füllte sich. War etwa ein Tomatenfetischist am Werk? Würde er vielleicht sogar noch auf Gurken umsteigen oder Paprika?

Tage später stromerte ich im Ufer-Elster-Park und fand dort auch eine Tomatenpflanze vor. Hier war er also auch gewesen und hatte seinen Samen, also den der Tomaten, hinterlassen. Und dann kam mir des Tomatenrätsels Lösung in den Sinn. Vor Wochen schon hatte ich mit einer syrischen Familie dort ein Picknick gemacht und auf dem Einweggrill hatte auch die eine oder andere Tomate gelegen. Wahrscheinlich war hier kein Tomatenfetischist, sondern ein illegaler Aussäer am Werk. Es wurde immer wärmer und meine Beobachtungen bestätigten sich. Oft grillen unsere neuen Mitbürger am Elsterufer und da ich des Öfteren zum Probieren angelockt wurde, bekam ich mit, wie Tomatenreste und andere Gemüse auch mal im Gebüsch landeten und dort ihr Unheil – bzw. ihre Triebe trieben. Ich postete ein paar Tomatenfotos im Internet, es gab ein großes Hallo zu den illegalen Tomaten und wenig später bekam ich eine Nachricht, dass ich bitte keinesfalls diese Tomaten essen dürfe. Auf meine Frage nach dem Warum – ich war mittlerweile häufiger mit dem Spankorb am Ufer und trug meine Ernteerfolge heim – erfuhr ich, dass die Flüchtlinge diese giftigen Tomaten dort aussäen, um die Deutschen zu vergiften.

»Aber wer würde denn die Hand beißen, die ihn füttert?«, fragte ich zurück, bekam aber nur zur Antwort, ich solle nicht so naiv sein.

Weiter aß ich die Tomaten, bis zu dem Tag, an dem die jährlichen Mäharbeiten am Elsterufer meine urbane Gärtnerzeit beendeten. Die Arbeiter hatten nicht nur Gras und Kräuter, sondern auch die unreifen Tomaten einfach abgemäht. Da lagen sie nun zerquetscht, aber umso besser, denn durch die Kerne säen sie sich weiter heimlich aus. Nächstes Jahr kann ich wieder zuschlagen.

Vielleicht gibt's dann doch auch Auberginen oder Gurken? Für mich persönlich ist die Zuwanderung also ein Gewinn, ich muss keine Tomaten mehr kaufen und kann sie zu gegrilltem Lammfleisch oder Mozzarella nur empfehlen.

Karl S.

Als Karl im Sommer 1938 in Jäschwitz bei Breslau geboren wurde, war die Welt noch in Ordnung. Der beschauliche kleine Ort in Schlesien war sein Zuhause, hier lebte er mit den Eltern und seinen vier Geschwistern inmitten der Dorfgemeinschaft. Jeder kannte den anderen, es wurden viele Feste gefeiert und gemeinsam auch die Toten betrauert, man half einander und wenn die Männer mal im Wirtshaus saßen, machten die Frauen Handarbeiten zusammen.

Gerade für die Kinder eine unbeschwerte Zeit. Sie konnten draußen spielen, es gab noch keine Helikoptereltern, die ihnen mit Feuchttüchern nachstellten, und es war eine tägliche Entdeckungsreise in die Wunder der Natur und des Lebens.

Er konnte mit Freunden baden gehen, Schlittschuh laufen, Pilze sammeln, jede Jahreszeit war ein Abenteuer. 1944 wurde er eingeschult, ein wunderbares Foto in schwarz-weiß mit gezacktem Rand, der große Bruder hält die Zuckertüte und Karl steht neben ihr, als wolle er gleich wieder in sie hineinschlüpfen. Die kleinen Schwestern haben auch eine kleine Zuckertüte bekommen und die stolzen Eltern halten die Rasselbande mit den Armen zusammen.

Ein Jahr später mussten sie raus, raus aus Schlesien, raus aus ihrem Bauernhaus, alles zurücklassen, was ihnen lieb und teuer war. Sie bekamen einen Fluchtbefehl, mussten das Dorf binnen drei Stunden verlassen. Die Zeit reichte nur, das Nötigste zu packen und auf den Anhänger des Pferdegespanns zu laden.

Die Mutter auf dem Kutschbock war ein unbekanntes Bild für die Kinder. Sonst war immer der Vater kutschiert, der war verschwunden, im Krieg gefallen, in Gefangenschaft geraten, keiner wusste etwas von ihm. So schnürte die Mutter die Bettwäsche, Geschirr, Kleidung und ein paar Essensvorräte auf den Wagen, die Kinder saßen in allen vier Ecken und mussten aufpassen, dass nichts verloren geht auf der beschwerlichen Fahrt. Das Baby hatte die Mutter mit in ihre Jacke gesteckt, da war es am wärmsten. Dann zogen die beiden alten Pferde an.

Noch als alter Mann dachte Karl an diesen Blick zurück in die Heimat, auf das Dorf und er dachte an Frau Lot aus der Bibel, die sich nicht umdrehen sollte und es doch getan hatte und zur Salzsäule erstarrte.

»Ich bin damals«, so sagte er immer, »auch erstarrt und bin ein bisschen gestorben.«

Die Mutter war tapfer. Sie blieb stark für ihre Kinder, als die Pferde keine Kraft mehr hatten und sie den Wagen so weiterzerren mussten.

Sie blieb stark, als ihnen ein Teil des Geschirrs gestohlen wurde und nur einmal weinte sie in der bitteren Kälte ihres Fußmarsches: Als die kleine acht Monate alte Tochter starb und am Wegrand in Tschechien begraben wurde. Sie war erfroren, als die Mutter sie aus der Jacke nahm, auf den Wagen in Bettwäsche gewickelt festschnürte, um den Wagen weiter zu zerren. Als Erwachsener kehrte Karl dorthin zurück, reiste nach Tschechien, versuchte, die Stelle wieder zu finden, aber vergebens, er fand ihr Grab nicht.

Es ging weiter. In Tschechien wurden sie in einen Viehwaggon geladen, Karl erinnerte sich nur noch wie in einem Film, eine lange eiskalte Zugfahrt, mehr tot als lebendig, immer eng miteinander verschlungen, umsteigen, nochmal im

Zug, immer nur Hunger, Alpträume, die Mutter fieberte, er war in großer Sorge.

Und dann landeten sie eines Nachts in Gera-Langenberg. Dort hatte keiner auf die Flüchtlingsfamilie gewartet, die Leute hatten selber nichts.

Sie bekamen ein Zimmer im Langenberger Kaiserhof zugewiesen, es gab eine Essensration am Tag und sie durften ein Gemeinschaftsbad nutzen.

Noch als alter Mann hat Karl auf Kreislauf und Blutdruck gepfiffen und ging jeden Abend in die kochend heisse Badewanne seiner Lusaner Neubauwohnung und er wusste es jeden Abend zu schätzen, warm zu baden.

»Du badest nicht, du brühst dich wie eine Wurscht«, sagte seine Frau dann immer und heftete schweigend die horrenden Nebenkostenabrechnungen ab. Sie war selbst ein Fluchtkind gewesen und konnte, seit sie im Eis des Oderhaffs eingebrochen war, nie wieder im See baden.

Karls Mutter fand dann Arbeit in einer Gärtnerei in Debschwitz und versorgte ihre Kinder, langsam kehrte ein bisschen Normalität ein. Sie bekamen alte gebrauchte Möbel und waren dankbar für jedes Stück, selbst die abgewetztesten Dinge schliff Karl mit seinem großen Bruder ab, strich sie schön an und die Mutter war froh, wieder eine Art Wohnungseinrichtung zu haben. Sie schliefen, aßen, spielten zu viert in dem kleinen Zimmer: die Mutter, der große Bruder, die überlebende Schwester und Karl.

Karl durfte bald die Schule besuchen und freute sich wochenlang schon darauf. Doch es war enttäuschend. Er sprach ein bisschen anders, er trug schäbige Kleidung, die gespendet wurde von Leuten, deren Kinder sie lange getragen hatten. Einmal erkannte ein Klassenkamerad eine gestopfte Hose von sich an Karl wieder und zwang ihn, sie ihm zu geben. Karl kam in Unterhosen nach Hause und am nächsten Tag war seine Mutter mit in der Schule.

Karl kam dann mit einer neuen Hose des Sohnes vom Direktor heim, der schützend die Hand über die Flüchtlingskinder hält. Die hatten es nicht leicht und hatten einiges unter ihren Mitschülern zu erdulden. Doch Karl biss sich durch, ging fleißig zur Schule, spielte Fußball im Verein und machte sich einen Namen. Der Frieden befriedete auch die Bevölkerung, die Leute waren mit dem Wiederaufbau beschäftigt und bald fiel Karl gar nicht mehr auf als das Flüchtlingskind, sondern als der beste Stürmer von ganz Langenberg.

Kartenkönigin

Heute der fünfjährigen Mau-Mau beigebracht.

Probelauf. Es liegt Schell. Sie hat einen Schell-König und will trotzdem eine Karte ziehen.

Ich. »Aber Du hast doch Schell.«

Kind: »Ja, aber ...« (zeigt ihren Herz-König) »Der hat gesagt, dass der Schell-König sein Freund ist und nicht gehen darf. Die wollen zusammenbleiben.« Zieht eine Karte.

Ich lege eine Schell zehn. Sie knallt die Herz-Zehn drauf. Legt später den Herz-König drauf.

Ich: »Ach, haben die sich jetzt gestritten, oder was ?«

Kind: »Nee, der Schell-König hat gesagt, sie treffen sich ja beim Mischeln wieder.«

Kinder-reich

Ein Text aus der guten alten Steinwegerichzeit ...

Am ersten Juni ist Kindertag – der Tag, an dem man Kinder mag ... nein, natürlich sollte man Kinder immer mögen! Ich mag mein Kind ja ganz besonders, wenn es mich teilhaben lässt an der schönen bunten Kinderwelt. Neulich habe ich Lotto gespielt. Nicht, dass ich das nötig hätte, die Umsätze in der 1-a-Ladenstraße Steinweg sind ja sozusagen wöchentliche Jackpots, nein, ich wollte einfach nur ein paar Milliönchen, um das Sommerloch ein bisschen abzufedern.

Ich erklärte also der minderjährigen Mitbewohnerin, dass da jemand die Zahlen zieht und wenn man dann die gleichen Zahlen auf seinem Tippschein hat, hat man gewonnen.

»Cool«, freute sich das Kind, »da sind wir ja bald reich.«

Gespannt sitzt sie am Mittwochabend mit meinem Tippschein auf dem Sofa und lässt sich von mir die gezogenen Lottozahlen vorlesen. Dann, nach langem eisigen Schweigen:

»Mama, du hast die falschen getippt! Da musst du leider weiter Käse und so verkaufen.«

»Ach«, sage ich enttäuscht.

Als ich mich am nächsten Morgen leicht demotiviert ins Geschäft schleppe, steht schon eine Dame vorm Rollladen. Eine meiner Lieblingskundinnen. Sie hat nachher wieder Chemotherapie, die sie nur mit meinen Texten und Ziegenkäse erträgt.

»Ich lese während der Infusionen jetzt immer Ihre Kolumne, letztes Mal ist mir vor Lachen fast die Nadel aus dem Zugang gerutscht.«

Na wenn das nichts ist! Die Kunden kommen und gehen, ein Herr schenkt mir eine alte Bohnenschnippelmaschine, eine Frau spontan ihren grünen Stoffbeutel, ein kleiner Junge kauft sich Schokolade und erzählt in breitem Gersch von seinem rumpligen Elternhaus, ein Mann zeigt mir stolz seine Narbe nach der Knie-OP, vor der er solche Angst hatte (Erleichterung meinerseits, dass er keine Hodenoperation hatte) und ein Lieferant hat Kostproben mit ins Paket getan. Eine Dame lässt sich mein Buch signieren mit: »Damit du bald wieder trocken lachen kannst«, für ihre Freundin, die nach einer Blasenoperation im Krankenhaus liegt.

Am Abend fragt mich die minderjährige Mitbewohnerin, wann ich denn nun reich werde.

»Bin ich eigentlich schon«, antworte ich.

Korrektness

Gestern war ich in der Sauna. Da saßen zwei auf den Ruheliegen und der Mann lachte über irgendetwas und seine Frau wies ihn zurecht: »Wie kannst Du so lustig sein, wo doch Krieg ist.«

Der Mann verstummte und tippte weiter auf seinem Handy herum. Dann warf er es in seine nachhaltige Lkw-Planen-Nochmalnutz-Tasche, trank einen Schluck Wasser aus einer wahrscheinlich BPA-freien Flasche und rollte sich auf die andere Seite. Die Frau klappte ihr Buch wieder auf und ich hätte zu gern geschaut, was ihr so die Laune versaut hat, aber es war in einen Baumwolleinband eingeschlagen, der Titel unsichtbar.

In dem Moment ging mir auf, dass wir seit einiger Zeit von noch mehr Schlechtesgewissenmachern umgeben sind als jemals zuvor. Schon jetzt könnte jemand sagen, dass es Schlechtesgewissenmacher*innen heißen muss und selbst jemand darf man auch nicht mehr so einfach schreiben, vielleicht besser jefraud, man weiß es schon gar nicht mehr genau.

Gerade Eltern kennen das, die kritischen Anmerkungen der früheren eigenen Erziehungsberechtigten oder Freunde: »Was, Ihr gebt Gläschenkost? Was, der kriegt ein Nutellabrot mit in die Schule? Was, Ihr kauft nicht Textilien aus Bio-Baumwolle für das Baby?«

Und so weiter, und so weiter. Nun geht es leider auch bei uns Großen weiter und auch ertappe mich gelegentlich dabei, wie ich bei Mc Donalds beim Anblick der Gäste am Nachbartisch denke: »Mensch, denkste echt, der Burger muss noch rein?«

Oder beim Einkauf die Frau vor mir für den unkritischen Erwerb von palmölhaltiger Nuss-Nougat-Creme verurteile. Eigentlich geht mich das alles nichts an und dennoch gibt es Tage, da bin ich wie ein Apothekerschrank voller Schubladen, die auf und zu gehen und Menschen einsortieren. Alles Quatsch! Schauen wir doch mal in diese Welt, in dieses Land, in diese Stadt – so viele ernsthafte Probleme gibt es zu lösen, und ich glaube, den Leuten, in deren Heimat Krieg herrscht, ist es gerade völlig boogie, ob die Klamotten aus Biobaumwolle sind, der Aufstrich palmölfrei oder ihre Gesichtsmaske vegan. Denken wir mal neu und geben Leuten, die anders drauf sind als wir, eine Chance. Ob aus einem anderen Land, aus einer anderen Kaufmentalität, aus einem anderen politischen Lager – wir leben zusammen und ich bin allein durch die Trauerfeiern immer mal bei Familien, die ganz anders ticken als ich und es ist total spannend, ihre Bücher zu sehen, ihre Deko zu betrachten oder ihre Geschichten zu hören, zu erfahren, wie sie so leben.

Manchmal bin ich bei völligen Rassisten, dann bei lieben Hobbygärtnern, Kaninchenzüchtern oder Schwulenhassern. Ich werde keinen davon bekehren, aber wir haben mal geredet. Das allein ist oft schon viel wert.

Die Zeit läuft

Neulich habe ich mich mit der minderjährigen Mitbewohnerin über früher unterhalten. Früher ist für sie alles, was vor ihrer Geburt liegt. So erzählte ich ihr, dass ich manchmal morgens, wenn ich Angst hatte, zu spät zur Schule zu kommen, die Zeitansage angerufen habe.

»Die Zeitansage?«, fragte sie verwundert. »Die Uhrzeit steht doch immer auf dem Handy.«

»Aber damals gab es gar keine Handys«, erwidere ich und fühle mich, als wäre ich beim Bau vom Schloss Osterstein dabei gewesen.

Gibt es eigentlich die Zeitansage noch?, fragte ich mich und begann, nach ihr zu googeln. Ja, es gab sie noch und aufgeregt griffen die Minderjährige und ich zum Telefonhörer.

»Beim nächsten Ton ist es sechzehn Uhr, zwölf Minuten und zehn Sekunden ... piep ... beim nächsten Ton ist es sechzehn Uhr, zwölf Minuten und zwanzig Sekunden ... piep ...«

Stundenlang hätten wir ihr zuhören können, aber es ist ja auch ein flaues Gefühl, auf diese Weise mit der vergehenden Lebenszeit konfrontiert zu werden. Man weiß ja nie, wie viel Zeit einem auf Erden noch bleibt, die sollte man nicht mit dem Anhören der Zeitansage verbringen.

Neulich hat jemand bei Facebook einen Lebenszeitrechner gepostet, man musste verschiedene Fragen zum Lebenswandel beantworten und das Programm errechnete dann die voraussichtliche Lebenszeit. Zum Glück habe ich seit einigen Wochen mit Rauchen aufgehört, esse nicht entsetzliche Fleischmengen pro Woche und versuche, immer mal Sport zu machen, gehe in die Kirche, trinke regelmäßig Alkohol ... 79,98 Jahre errechnet der Computer. Wow, dachte ich und machte den gleichen Test nochmal als Starkraucher, Trinker, zehn Kinder, viel Fleisch, kein Sport, keine Kirche. Da hatte ich nur eine Lebenserwartung bis zum 43. Lebensjahr und könnte zum Beispiel meine Rentenversicherung jetzt schon kündigen.

Die Autoren der diversen Lebenshilferatgeber empfehlen ja, man solle jeden Tag so leben, als wäre es der Letzte. Blöd nur, wenn es ein übermorgen gibt und man beispielsweise mit einem völlig überzogenen Konto im Ferrari auf den Malediven hockt und den Heimflug ja nicht eingeplant hat.

Dann wäre es schon praktisch, man hätte eine Restlebenszeitansage.

»Beim nächsten Ton haben Sie noch 34 Jahre, acht Monate, drei Tage, 15 Minuten und zehn Sekunden ... piep ...«, dann könnte man sich ganz anders das Leben einrichten.

Man könnte zum Beispiel bei der nächsten Trauerfeier auf den Sarg klopfen und sagen: »Hey, leg schon mal die Doppelkopfkarten bereit, in 18 Monaten, vier Wochen, drei Tagen, zwei Stunden und 20 Minuten komme ich nach.«

Oder angesichts eines nahezu biblischen Alters macht es ja ganz anders Sinn, für die Rente vorzusorgen. Wobei ... so ganz genau wissen möchte ich es ja doch nicht. Viel wichtiger ist es, sich die Tage und Nächte schön zu machen, egal wie viele davon man noch hat. Also genießt die Zeit – vielleicht erleben wir noch den Wiederaufbau vom Schloss Osterstein!

Landlust

Ja, ich oute mich, ich lese die Landlust, mag die tollen Fotos, Rezepte, Garten- und Pflanz-Tipps. Ein bisschen quält mich diese Lektüre aber auch, denn die Probleme dieser Menschen in dem Heft sind mir oft sehr fremd. Ich frage mich nie, was ich mit den 370 m² Restgartenfläche noch anstellen könnte, ich überlege seltenst, ob ich nicht doch noch zwei Rhododendren an die Kante meiner Staudenbeete setze oder eine weitere Sitzecke unterm Birnbaum benötige. Es werden unfassbar ausgefeilte Bewässerungstechniken für gigantische Gärten vorgestellt, einige haben Zwischenlauben im Garten, zum Rasten, da die zurückzulegenden Wegstrecken im Garten zu Tagestouren werden. Die Zusatzlaube ist dann größer als der Klassenraum manch staatlicher Schule, aber diese Leute in der Zeitung kriegen ja auch ständig Besuch, für den sie die lauschigen Sitzecken dekorieren und natürlich unendliche Mengen Geschirr und Nahrung vorhalten müssen. Dann hier noch eine zufällige Zinkwanne, dort ein paar Hagebuttenranken um ein Teelicht gewunden, da drüben schnell ein Häschen aus Heu – und die lieben Gäste können kommen und staunen. Die Menüvorschläge in der Zeitschrift sind grandios und so sitzen sie da in ihren Riesengärten und halten den Mietendeckel für eine Abdeckung ihres Kartoffellagers aus Holz, welches an Laube sieben errichtet wurde.

Das sind alles infame Unterstellungen, denn natürlich lebt diese Zeitschrift auch von der Auszeit vom Alltag, auch vom politischen Alltag, und vielleicht liest ja auch der eine oder andere Großgrundbesitzer in seiner Zinkwanne die TAZ oder das ND. Zum Abschalten gehören für mich ja auch die Artikel über Themen, denen ich bisher keine Relevanz zugeordnet habe.

Neulich zum Beispiel ging es um den Ginkgobaum. Wir hatten früher auf dem Balkon einen, den wir zur Hochzeit bekommen haben. Jeden Winter warf er gelbe Blätter ab und jedes Frühjahr ergrünte er wieder, ein wirklich schönes Gewächs. Leider ist er mit der Ehe eingegangen, das Omen eines Hochzeitsgeschenkes eben. Das aber nur am Beetrande. Jedenfalls fragte ich mich doch immer mal, ob und wann er wohl eine Frucht von sich gebe, aber es geschah nichts dergleichen. Und auch andere Ginkgobäume, die ich so kennenlernte, richtig große, trugen nichts als Blätter. Die heutige Landlust hat diese Frage beantwortet. Zum einen dauert es Jahrzehnte, bis der Baum Früchte bringt und zum anderen sind diese Früchte wirklich keine Freude – die weiblichen Ginkgobäume bilden nämlich Früchte, die aussehen wie Mirabellen, aber stinken nach Verwesung, Buttersäure und anderen schlimmen Dingen. Daher werden die weiblichen Ginkgobäume nach Möglichkeit gar nicht erst öffentlich gepflanzt, weil ihre Früchte einfach für Anwohner und Passanten ein Alptraum sind, wenn sie stinkend auf dem Bürgersteig verrotten. Also die Früchte, nicht die Anwohner.

»Haben wir Frauen doch ein Glück.«, dachte ich mir bei der Lektüre. Unsere Früchte, die wir aller paar Jahre von uns geben, riechen ja auch ein bisschen streng und brüllen sogar noch. Haben wir es nicht gut, dass wir trotzdem raus dürfen, auch mit den riechenden Brüllfrüchten? Wie traumatisch ist es für eine Ginkgobäumin, endlich den richtigen zu treffen und dann aber aufgrund der stinkenden Befruchtungserzeugnisse angefeindet, sogar gefällt zu werden. Wir dagegen werden sogar noch animiert, wegen des Generationenvertrages noch mehr stinkende Brüllfrüchte herzustellen, bekommen Elterngeld und Erziehungszeiten.

Da ist man ganz neu dankbar für das eigene biologische Los. Danke, Landlust, und weiter so!

P.S.: Wer sich traut, die Ginkgobaumfrucht zu öffnen und den Kern zu lösen und ihn zu knacken, wird angeblich mit einem leckeren Geschmack des Innenkerns belohnt.

Lebensgefahr

Im Gerschen Kreditinstitut.

Die Frau vor mir tippt Überweisungen ein. Wenn eine fertig ist, geht sie vom Überweisungseintippgerät zum Kontoauszugdrucker und zieht sofort den Kontoauszug. Dann tippt sie die nächste Überweisung ein. Dann Kontoauszug. Immer wieder. Ich beeile mich lieber nicht beim Geld holen, das sieht interessant aus, was sie da macht.

»Aaaach Mist«, entfährt es ihr. »Kann ich helfen?«, entfährt es mir.

»Aaach, das Feld für Zahlungsgrund ist zu kurz, gucken Sie doch mal, das ist halt nicht gewollt, dass man da was Zusätzliches schreibt.« Ich gucke.

»Zahlung unter Vorbehalt« hat sie nach der Rechnungsnummer geschrieben.

»Reicht doch, oder?«

»Aaaach, niemals, man muss dazu noch schreiben: keine bindende Willenserklärung. Aber das System will das nicht, ist ja klar.«

Sie schimpft und tippt weiter. Die nächste Zahlung geht an den Kopp-Verlag, da schreibt sie nur die Rechnungsnummer. Dabei sind das doch die Schlimmsten ... na ja, ich stelle mich wieder in die Distanzzone. Als sie fertig ist, erklärt sie mir, dass man immer sofort den Auszug ziehen müsse, weil manchmal die Bank Zahlungen einbehalte bei mehreren Überweisungen, weil die denken, die Kunden merken es nicht. Außerdem müsse man überall das mit der Willenserklärung hinschreiben, denn wenn es mal andersrum geht, dann kriegt man das alles wieder. Ich verspreche ihr, das künftig so zu halten.

Danach bin ich im Blumenladen und kaufe mir zur Beruhigung einen Lavendel. Die Verkäuferin spricht gerade mit einem Mann über diese weißen Striche am Himmel und dass das die Amerikaner sind, die über uns irgendwas ausschütten. Die Frau aus der Bank kommt rein und bestätigt das alles, auch das mit dem Elektrosmog und den 5G-Strahlen und beginnt, über die geheimen Codes auf den Geldscheinen zu sprechen. Jetzt muss ich nach Hause. Ins Bett. Alles andere ist einfach zu gefährlich. Überlebensgefährlich.

Linie 1

Gersche Straßenbahn. Ich komme gerade von einer Trauerfeier zurück, deren Rede sich schwierig gestaltete. Die Oma hatte immer so schrecklich negativ gedacht und geredet, so dass keiner wirklich gern zu ihr gegangen ist. Einer meiner Lieblingsgedankenkonflikte ploppt auf der Heimfahrt auf.

Einerseits ist es wirklich anstrengend, mit Menschen zu tun zu haben, die sehr negativ sind. Man fühlt sich schlecht, sobald man etwas Positives aus dem eigenen Leben berichtet, andererseits ist man nach einer Stunde Gesprächszeit ganz aufs Neue begeistert vom eigenen gefühlt gelungenen Lebensentwurf. Fast noch schlimmer sind aber auch diese ewig Positiven, die nach außen nie ein Wässerchen trüben kann. Immer happy, immer positiv, immer gut drauf. Sie haben immer gute Laune und sagen gern Sätze wie: »Ich lasse gar nichts Negatives an mich heran. Damit fahre ich am besten. Wenn mir jemand was Schlimmes oder Trauriges erzählt, dann fange ich gleich ein neues Thema an.«

Da sind mir die Schlechtgelaunten dann doch lieber. Jedenfalls sitze ich so in der Bahn und denke über dieses Thema nach, da steigen zwei alte Damen ein. Dame eins ist vollverbeigt, soll meinen, komplett in Beige- und Brauntöne gehüllt. Selbst ihr graues Haar hat einen Beigeton und ihre Lederjacke ist so steif, dass sie knarrt, wenn ihre Insassin die Arme anwinkelt. Dame zwei hat noch Mut zur Farbe, trägt eine blaue Hose mit bunter Bluse, Lippenstift und hat noch immer Neugier in den blauen Kulleraugen. Frau Lederjacke beäugt angewidert einen jungen Typ mit seinem Smartphone, der offenbar ein Spiel damit spielt und immer aufgeregter wird.

»So ›nen Quatsch gabs bei uns ja nich.‹«

Die Kulleraugenfrau grinst: »Leider, das wär och was für mich gewesen.«

Die Bahn rollt weiter. »Mir wern den Bus nach Bieblach nüsch mehr kriegen, so wie die Bahn bummelt«, knurrt Lederjacke und Kulleraugе lächelt: »Na nehmor de nächste, hamm doch Zeit.«

Bahn hält am Küchengarten.

Kulleraugе: »Schön, der Brunnen.«

Lederjacke: »Haufen Geld, den zu unterhalten.«

Haltestelle Otto Dix. »Was isstn Du heute Middach?«

Kulleraugе: »Ich hab mir was aufgetaut, fünf Paprikaschoten gebraten, einzeln eingefroren, habsch immer mal was Feines zu Middach.«

Lederjacke: »Ich ess ne Bemme, reicht mir.«

Die nächste Haltestelle wäre meine, aber ich kann mich nicht von ihnen trennen und fahre noch ein bisschen mit.

Lederjacke: »Kulturhauptstadt woll mor jetz noch wern, wo nüscht los oder was sachst Du dazu?«

Kulleraugе: »Och ma sehn, da gibt's sicher Geld und dann is mehr los.«

Endhaltestelle. Kulleraugе: »Gugge ma, unser Bus wartet sogar auf uns.«

Lederjacke: »Ach der hat sicher keene Lust, loszufahrn.«

Als wir aussteigen, wende ich mich an Kulleraugе: »Wie halten Sie das aus? Ihre Freundin ist ja völlig anders drauf als Sie.« Kulleraugе lächelt: »Och, ich hör kaum noch was, ich krieg da nich viel mit.«

»Komm jetzt!«, ruft Lederjacke und hält an der Bustür inne. Kullerauge kommt. Der Busfahrer hilft ihr mit dem Einkaufsbeutel und schwingt sich dann auf seinen Sitz. Der Bus fährt an, Kullerauge winkt mir nochmal, Lederjacke drückt ihr den Arm runter. Bestimmt hält sie ihr jetzt einen Vortrag über die Gefahr des Gespräches mit Fremden, die einem dann womöglich die Wohnung ausräumen und eine Lederjacke verkaufen. Hat sie sicher schon alles durch.

Mädchenkram

Gersche Straßenbahn. Am Rummel (für die westdeutschen Leser: an der Kirmes) steigt eine Frau mit rosa Kostüm, rosa Hütchen, rosa Pumps und schwarzem Lacktäschchen ein. Grell geschminkt, tiefe Stimme.

Ein stark untersetztes Pubertier begleitet sie. »Haste gehört, wie die mich Scheiß-Schwuchtel genannt haben?«, fragt sie das Pubertier.

Das Pubertier nickt und isst weiter sein Schokoladenobst. Die Frau schaut mich an und fragt laaaaaauuuuut mit Männerstimme: »Ich meine, ich seh doch nicht aus wie eine Schwuchtel, oder?«

»Also ganz ehrlich gesagt, sehen Sie aus wie ein Mann, der sich als Frau verkleidet hat. Es ist alles ein bisschen zuviel des Guten. Aber eigentlich ist mir das auch egal, wenn Ihnen das Spaß macht, nur zu. Ich hab damit kein Problem, solange es nicht zur Pflicht wird.«

»Pflicht? Wie würden Sie sich denn fühlen, wenn Sie spüren, dass Sie eigentlich ein Mann sind? Wenn Ihnen dieser ganze Mädchenkram mit langen Haaren, Schminken, High Heels zum Hals raushängen würde?«

Sie schaut mich an. Ihr fällt neben den flachen Schuhen die Ungeschminktheit und Kurzhaarigkeit meiner Person auf. Sie hebt die Augenbrauen und brummt: »Na ›n richtiges Mädchen sind Sie ja auch nicht.«

Man trifft sich immer zweimal

Ostfriedhof Gera. Mit der minderjährigen Mitbewohnerin gerade geguckt, was der Opa so treibt, da kommen zwei Damen des Wegs. Kurzer Blickwechsel, Wiedererkennen ... dann:

»Kann es sein, dass Ihr Vater neben unserem Dieter liegt?«

Ich: »Klar, deshalb habe ich ja beim Trauergespräch damals gefragt, ob Ihr Mann Skat spielen konnte. Ich hab da schon für meinen Vater den passenden Nachbar gesucht.«

Frauen: »Oh super, wir haben das auch schon gehofft, dass er jemanden zum Karten spielen findet. Dann ist ja alles gut.«

Ich: »Ja, der dritte Mann liegt zwei Bäume weiter, dem wars hier zu voll, der hatte Platzangst.«

Marme-Laden

Die Gastronomen stöhnen und die Händler stimmen ein. Das Sommerloch ist da. Wer nicht gerade Freibadbetreiber oder Eisdealer ist, hat schlechte Karten an heißen Tagen. Die Bevölkerung ist im Garten, denn es beginnt das große Erntefinale. Beeren, Steinobst und andere Süßigkeiten schreien nach Verarbeitung, es muss schnell gehen, wenn doch die einst angekündigten blühenden Landschaften endlich Früchte tragen! Die Natur kennt keine Gnade – was nicht zeitnah verputzt oder verarbeitet wird, verschrumpelt oder verfault und die wochenlange Hege und Pflege war umsonst. Also wird konserviert, dekantiert, püriert, flambiert, eingekocht und ausgekocht, was das Zeug hält.

»Ich habe gestern zwanzig Gläser Himbeermarmelade gekocht!«, erzählt mir die Frau und läuft beim Saftfest an meinem Stand mit den hausgemachten Fruchtaufstrichen verächtlich vorbei.

»Haben Sie nicht«, sage ich noch verächtlicher und schreite um meinen Klapptisch herum, um ihren Tanzabstand zu stören.

»Warummen nich ?«, gerscht sie.

»Weil nach der Verordnung über Konfitüren und einige ähnliche Erzeugnisse zur Umsetzung der Richtlinie 2001/113/EG des Rates vom 20.12.2001 über Konfitüren, Gelees, Marmelade und Maronenkrem für die menschliche Ernährung in deutsches Recht als Marmelade nur bezeichnet werden darf, was eine streichfähige Zubereitung aus Wasser, Zuckerarten und einem oder mehreren der nachstehenden aus Zitrusfrüchten hergestellten Erzeugnisse: Pülpe, Fruchtmark, Saft ,wässriger Auszug, Schale ist.«

»Häh?«, tönt sie und starrt mich verblüfft an.

»Zu gut deutsch: Eine Marmelade ist nur eine Marmelade, wenn in 1.000 Gramm Endprodukt mindestens 200 Gramm Zitrusfrüchte enthalten sind, von denen 75 Gramm dem Endokarp entstammen. Wenn Sie Himbeeren verarbeiten, wird es keine Marmelade, sondern eine Konfitüre oder Konfitüre extra. Letztere allerdings nur, wenn auf 1000 Gramm Endprodukt 450 Gramm Früchte enthalten sind. Sonst halt 350 Gramm und es ist eine Konfitüre ohne extra.«

»Wo haben Sie denn diesen Quatsch her?«, fragt die Frau und behauptet, schon ihre Großmutter habe Himbeermarmelade so gekocht und das Rezept stamme noch von dieser.

»Jaja, aber zur Zeit Ihrer lieben Großmutter gab es noch keine EU. Und die sagt, dass diese Begriffe so definiert sein müssen, damit es keine Handelshemmnisse gibt und die verschiedenen Traditionen der einzelnen Mitgliedsstaaten bei der Herstellung solcher Produkte zu berücksichtigen sind.«

»Na ja, wie auch immer, ich verkaufe die Marmelade immer ganz gut privat und das läuft ganz gut, ganz ohne EU.«

»Oh mein Gott«, entfährt es mir.

»Nicht auch der noch«, schnauft sie und greift nach ihrer Handtasche.

»Wenn Sie die Erzeugnisse auch noch gewerblich anbieten, geht's ja nochmal richtig los. Nicht nur, dass sie jetzt ausweisen müssen, wenn ein Sellerie seitlich am Topf vorbeigelaufen ist und ein Becher Senf hinter Ihnen im Kühlschrank seine Allergene gestrahlt hat, nein, Sie müssen noch den Gesamtzuckergehalt je 100 Gramm sowie den Fruchtgehalt je 100 Gramm sowie die Zutaten in Reihenfolge des Gewichtsanteils und die Haltbarkeit und den Hersteller angeben, geeichte Gläser verwenden, alles groß genug drauf schreiben, auch noch drauf schreiben, was drin ist und dann haften Sie dafür, dass das Zeug nicht schimmelt, Stücke Ihres Passiertabes enthält oder sonstwie für die Menschheit gefährlich ist.«

»Ist Gera in der EU?«, fragt sie ängstlich.

»Noch, ja ja«, kichere ich und sage tröstend: »Aber wenn Sie Passionsfrüchte verarbeiten, reichen für Konfitüre Extra schon 80 Gramm auf 1.000 Gramm Endprodukt.«

Sie reißt ihre Tasche an sich und läuft rückwärts vor mir davon.

Doch ich bin erst in Fahrt gekommen: »Für Maronenkrem reichen 380 Gramm auf 1.000 Gramm Endprodukt«, schreie ich und halte sie an ihrem Taschenriemen fest. »Im Anhang drei steht, dass die Schalen der Zitrusfrüchte in Lake haltbar gemacht werden dürfen. Das ist doch eine gute Nachricht!«

Sie reißt sich los und strebt zum Nachbarstand.

»Hey, für die Anwendung der Richtlinie werden die genießbaren Teile der Rhabarberstängel den Früchten gleichgestellt, das ist doch nett von der EU, Sie undankbares Stück!«

»Aaaaaah,« kreischt sie ängstlich und will tatsächlich durchs Gedränge flüchten. Doch ich bin noch nicht fertig mit ihr.

»Der Himbeerkonfitüre dürfen Sie den Saft roter Rüben zusetzen, das ist doch was!«, rufe ich, aber rennt davon.

Ich will ihr noch so viel sagen, will ihr hinterher – da reißt mich meine minderjährige Mitbewohnerin aus dem Traum, indem sie mit Brombeerfingern an meinem Mund herumschmiert. »Mamaaaaaa, kochst Du mir heute Brombeermarmelade?«, fragt sie. Verwirrt setze ich mich auf.

»Weisst Du, mein armes Kind, mit der Marmelade ist das so eine Sache ...«

Maskenfall – Text aus dem ersten Lockdown in der Coronazeit

Neulich saß ich im Wartezimmer und las in einer Frauenzeitschrift. Das ist das Schöne an Arztterminen, dass man mal in Ruhe lesen kann und endlich Diät-Tipps, Kochrezepte und kleine Schicksalsberichte bekommt. Neben mir saß eine Frau, die sich immer mal wieder unter dem Rüsselschutz die Nase zuhielt und mich mit den Augen anlächelte.

»Es reicht doch der Rüsselschutz, Sie müssen die Nase nicht noch zuhalten«, sagte ich und dachte bei mir: ›noch nicht, Mädchen, wer weiß, was in ein paar Wochen ist. Vielleicht kommt die Ansage, dass man während des Tragens des Rüsselschutzes doch bitte auch Mund und Nase zuhalten soll. Oder auch noch die Ohren.‹

Die Frau lächelte: »Nee, ich muss niesen und weiß nicht wie. Wenn ich in den Mundschutz niese, dann atme ich die ganze Zeit, na ja Sie wissen schon ein, und wenn ich ohne niese, muss ich das Wartezimmer verlassen und komme vielleicht erst in zwei Wochen wieder rein.«

Ich überlegte und dachte an das letzte Erlebnis mit meiner lieben Minderjährigen. Die Schule rief eines Vormittags an und teilte mit, das Kind habe Bauchweh und ihr sei übel und sie habe sich in der Mathestunde übergeben. Ich hätte mich einst in jeder Mathestunde wegen des Stoffes übergeben wollen, aber es war wohl ernst und wir gingen zum Arzt. Auf dem Heimweg in der Straßenbahn überlegten wir, wie es zu händeln sei, wenn sie erneut der Würgereiz übermannen – für Genderfreunde: überfrauen – sollte.

»Hast ja ›n Mundschutz«, sagte ich und dachte, dass doch alles für irgendetwas gut sei. Was auch immer aus Mund und Nase so anfällt beziehungsweise ausfällt, wird diskret aufbewahrt und kann am Abend entleert werden. Die Dame im Wartezimmer hat sich inzwischen entschieden, zum Niesen den Rüsselschutz an einem Ohr hängen zu lassen, leise in die Armbeuge zu niesen und dann den Rüsselschutz wieder einzuhängen. Geht doch.

Befriedigt griff auch sie zur Frauenzeitschrift, desinfizierte sich vorher die Hände und hatte dann die Fingerkuppen voller Druckerschwärze und -farbe. Irgendwas ist immer.

Neulich habe ich in einem benutzten Mundschutz ein Stück Schokoladenkeks entdeckt, das war eine Freude. Später fragte mich eine ältere Dame nach einer Lesung, wie das alles eigentlich Leute ohne Ohren machen und ich teilte ihr mit, dass man dann einfach die Mundnasenabdeckprodukte zum Binden am Hinterkopf nimmt. Wie das die Ohnhänder machen, weiß ich nicht. Diesen Begriff habe ich erst vor einigen Wochen gelernt, er steht im Sozialgesetzbuch. Ohnbeiner gibt es nicht. Ohnhirner auch nicht, auch wenn man es gelegentlich vermutet. Fragen über Fragen und zum Glück gehen mir fast nie die Antworten aus. Nur den Ohnmächtigen, denen passiert das.

Mira

Mira wurde in einem syrischen Dorf geboren. Die großen Städte waren weit weg und sie wurde streng erzogen. Beizeiten hielt der Vater sie dazu an, das Kopftuch zu tragen, sie musste von klein auf der Mutter im Haushalt und bei der Versorgung der kleinen Geschwister helfen, damit sie später ihre Rolle als Hausfrau und Mutter gut erfüllen würde. Die Brüder achteten darauf, dass sie nach der Schule gleich nach Hause kam und nach sechs Jahren war ihre Schulzeit auch schon beendet. Sie fragte nach dem Warum und der Vater erklärte ihr, dass ein Beruf eine zu große Belastung für eine Frau sei, die sich ja vor allem um die Familie zu kümmern habe – die Pflege von Angehörigen, die Aufzucht der Kinder, den Haushalt, das Essen – und man sie vor dem zusätzlichen Joch schützen müsse. Mira bekam dies alles zu Hause mit: Der Vater war mit seinen diversen Geschäften unterwegs, die Mutter immer zu Hause, durfte nur Besuch von anderen Frauen bekommen, kümmerte sich um alles, was den Haushalt anbelangte – sie hatte tatsächlich immer zu tun. Mira kannte keine Frau, die arbeiten ging und so nahm sie dieses Leben eben so an, wie es war.

Mit 18 heiratete sie einen Cousin, der nach Ansicht des Vaters eine gute Wahl war und lebte nun auch mit ihm im Dorf, hatte ein kleines Haus – und als sie kein Kind bekam, tauchte über allem die Frage auf: War es das jetzt schon? Ihr Mann war verträglich, fragte allerdings bald täglich nach einem Stammhalter, sie fühlte sich als Frau immer wertloser – er war den ganzen Tag als Autohändler unterwegs, sie zu Hause und nach wenigen Stunden war der Haushalt in Ordnung und sie musste nur noch das Essen für den Abend vorbereiten.

Nach zwei Jahren besuchte sie eine alte Schulfreundin. Sie hatte einen ganz anderen Weg eingeschlagen, lebte in der Stadt, die Eltern waren Mediziner und so hatte sie zunächst Krankenschwester gelernt und war nun dabei, sich erneut fortzubilden, um eine ganze Abteilung im Krankenhaus übernehmen zu können. Sie erzählte von den dankbaren Patienten, den Kolleginnen, ihrem Mann und den beiden Kindern – Mira machte große Augen und Ohren und stellte ihr Leben nun noch mehr in Frage als zuvor. Es ging also doch, Arbeit und Familie zu verbinden. Bei ihr in der Provinz unvorstellbar.

Die Zeit verging; noch immer war die Ehe kinderlos und ihr Mann redete lediglich das Nötigste mit ihr, ihre Brüder hatten beide schon das Land verlassen und waren in Deutschland gelandet.

Mira hielt Kontakt zu der Freundin, obwohl das ihrem Mann gar nicht passte und die Schwiegereltern auch jeden Besuch von ihr brav meldeten.

2004 besuchte sie die Freundin erneut und teilte mit, dass sie mit ihrer Familie die Flucht aus Syrien plane. Mira erkannte ihre Chance und beschloss, sich anzuschließen. Ihr Mann war oft tagelang weg und sie plante, eines Tages einfach nicht mehr da zu sein. Die Freundin unterstützte sie, empfahl ihr, Geld beiseitezulegen, sie würde sich melden, wenn es losging. Dann lief alles ganz schnell. Sie packte die nötigsten Dinge in eine Tasche, ihren Ausweis, ihr Zeugnis und die Eheurkunde, ein paar Kleidungsstücke und der Ehemann der Freundin holte sie mit dem Auto ab.

Die Grenze zum Libanon war immer schon von einem regen Reiseverkehr aus Syrien geprägt, Arbeiter pendelten ganz selbstverständlich und so reichte der einfache syrische Personalausweis zum Grenzübertritt. Doch was erwartete sie?

Ein Flüchtlingscamp nahe der Grenze wurde erst einmal ihr neues Zuhause. Die Zustände waren entsetzlich. Das Lager war völlig überfüllt, sie lebten in einem großen Zelt und bekamen drei einfache Mahlzeiten am Tag. In ihrem syrischen Dorf hatte Mira kaum etwas vom Krieg mitbekommen und sie hatte gar nichts von den vielen Landsleuten auf der Flucht gewusst. Sie war gerade 22 Jahre alt und zum ersten Mal fern der Heimat. Sie kümmerte sich um die Kinder der Freundin, gemeinsam meisterten sie die Behördengänge, doch die Zukunft sah nicht rosig aus. Es gab keine Papiere, ohne Papiere keine Arbeit – eine ausweglose Situation.

Miras Depression kam immer mehr zum Vorschein, in der Heimat hatte sie wohl schon darunter gelitten, nun kam der große Ausbruch. Ohne den Schutz der Familie, ohne Arbeit, das war nicht so ganz ihr Plan gewesen. Für die Flucht nach Europa fehlte ihr das Geld. Über eine Ärztin wurde der Kontakt zu einer Hilfsorganisation geknüpft, sie nahm Kontakt zu ihren Brüdern auf. Sie hatte große Angst, es hätte auch passieren können, dass diese den Ehemann benachrichtigen, und der hätte sie einfach wieder zurückholen können – das durfte auf keinen Fall passieren. Mira hatte keine andere Wahl – und großes Glück: Ihre Brüder konnten einen Familiennachzug organisieren und die Flugkosten sammeln. Einige Wochen später bekam sie tatsächlich ein Flugticket.

Sie konnte mit Hilfe der Organisation in Beirut in ein Flugzeug steigen, landete in der Türkei und von dort ging es direkt weiter nach Hamburg zu ihren Brüdern. So kam die junge Frau, die nie ihr 50-Seelen-Dorf verlassen hatte, im großen Deutschland an.

Die Freude der Brüder war groß, sie hatten in den wenigen Jahren in Deutschland schon gelernt, dass eine Frau durchaus nicht nur für den Haushalt vorgesehen war und viele tolle berufstätige deutsche Frauen kennengelernt: Deutschlehrerinnen, Sozialarbeiterinnen und sogar ihre Chefin in der Baufirma, in der sie Arbeit gefunden hatten, war in Ordnung. Die nahm Mira unter ihre Fittiche und empfahl ihr, schnell Deutsch zu lernen, um ihre Zukunft frei gestalten zu können.

Ihre Brüder waren großartige Helfer, sie konnte bei ihnen wohnen und sie halfen ihr in der Schule. Mira kniete sich in das Sprachenlernen und wurde schnell die Überfliegerin im Kurs. Immer mehr gewöhnte sie sich an das freie Leben in Deutschland, dass sie einfach mit Freundinnen ins Café gehen konnte oder ins Kino, sie blühte richtig auf und konnte wieder nach vorn schauen.

Nach fast einem Jahr in Hamburg meldete sich endlich ihre alte Schulfreundin wieder. Sie und ihr Mann hatten in Beirut Jobs gefunden, ein bisschen Geld verdient und waren mittels Schleppern ebenfalls in Deutschland gelandet. Sie lebten in einer kleinen Stadt in Thüringen und für Mira gab es kein Halten mehr. Ihre Sprachkenntnisse waren bereits sehr gut, sie hoffte, dass es für eine Berufsausbildung reichen würde, und sie freute sich, in der Nähe der treuen Freundin und ihrer Familie zu leben. Seit einigen Tagen hatte sie ihren Aufenthalt und bewarb sich für eine Ausbildung als Sozialassistentin an einer Berufsschule in Gera – und wurde angenommen. Also beluden die Brüder einen Transporter und sie zog zum ersten

Mal in eine eigene Wohnung, nach Gera. Das hatte bei Google gut ausgesehen, viel Wald, ein großer Park, eine Großstadt. Der Anfang war schwer, sie musste auf vielen Umwegen Möbel, Ausbildungsgeld und Behördengänge erledigen, doch sie hatte eine nie geahnte Kraft, winkte immerhin das Leben als selbständige Frau, die ihren Weg gehen konnte.

Die erste Post, die sie in ihrem neuen Briefkasten bekam, waren die Scheidungspapiere. Da trank sie zum ersten Mal Alkohol, eine kleine Sektflasche, die ihr eine Nachbarin geschenkt hatte. Danach legte sie ihr Kopftuch ab und trug es nie wieder. Manchmal läuft sie im Kaufhaus an einem Spiegel vorbei und erkennt sich gar nicht richtig mit den langen offenen Locken und ihrer Größe. Zwei Jahrzehnte lang hatte sie ein Selbstbild mit Kopftuch und gesenktem Kopf.

In der Schule lief es gut, sie hat eine dreijährige Ausbildung zur Krankenschwester absolviert. Sie sagt, in Syrien sei das ein ganz anderer Beruf. Dort gibt die Schwester nur Spritzen und Medikamente und macht andere medizinische kleine Eingriffe. Die Pflege übernimmt die Familie des Patienten, vorzugsweise eine Frau. Hier pflegt und versorgt die Krankenschwester und manche kriegen gar keinen Besuch.

Mit Männern ist es problematisch. Immer wieder feinden sie Landsleute an, weil sie kein Kopftuch trägt, alleine lebt und dann auch noch arbeiten geht. Sie hat fast nur deutsche Freundinnen, weil die syrischen Ehefrauen mit ihr keinen Kontakt haben sollen.

Vor ein paar Wochen lernte sie einen deutschen Mann kennen. Es fing gut an, dann erläuterte er, dass er sie vor allem erwählt habe, weil die syrischen Frauen so häuslich seien, familienverbunden und demütig. Mira zeigte ihm gleich, wo der Zimmermann das Loch gelassen hat.

Auch diesen Satz hat sie von ihrer deutschen Nachbarin gelernt.

Mutter I

Kind (4), ihren Fuchs an der Hand: »Mama, ich sehe was, was du nicht siehst, und das ist die grüne Schrift da vorne.«

Mama: »Nee, du darfst mir nicht verraten, was es ist, ich muss es doch erraten, was du meinst.«

Kind: »Okeee. Mama, ich sehe was, was du erratest, das ist die grüne Schrift da vorne.«

Mama: »Nee, nich verraten, ich muss doch rauskriegen, was du meinst.«

Kind: »Mama, ich sehe was, was du rauskriegst, das ist die grüne Schrift da vorne.«

Mama: »Bass uff, wir tauschen. Ich sehe was, was du nicht siehst, und das ist orange.«

Kind: »Der Container da vorne.«

Mama: »Richtig.«

Kind (bebende Unterlippe): »Und warum hast du nicht meinen Fuchs genommen? Der wollte auch mitspielen.«

Mutter II

Kind nach dem Anschauen der »Logo-Nachrichten« anlässlich des Welttages der Menstruation: »Mama, pass ja auf, dass du nicht befruchtet wirst. Noch ein Kind können wir uns nicht leisten.«

Nich rauchen, nich saufen ...

Nach einer Trauerfeier neulich lerne ich zwei quietschfidele Ü-90-erinnen kennen. Sie sitzen zusammen auf einer Friedhofsbank, halten sich an den Händen und strahlen. Ich komme etwas näher, um mich zu verabschieden und vergnügt erzählen sie mir von ihrer gemeinsamen Kindheit und dass sie immer noch so dicke Freundinnen sind wie früher.

»Wie sind Sie denn nur so gut so alt geworden?«, frage ich und die eine sagt: »Nich rauchen, nich saufen, kein Sex.«

Die andere nickt zustimmend.

»Naja, aber sie haben doch Kinder«, sage ich und zeige auf eines der Grüppchen auf dem Friedhof.

»Hihi, dafür schon, aber nich einfach so«, kichern sie und überlegen weiter.

»Keine Milch, keinen Honig«, sagt die eine und die andere widerspricht: »Nee, ich hab immer Milch mit Honig getrunken, das kanns nicht sein.«

Sie wollen ihre Trauerreden schon mal bei mir buchen und ich vereinbare mit ihnen, dass wir uns erstmal zum 100. Geburtstag wiedersehen und dann neu verhandeln.

Wenn man sich so ein langes Leben ansieht, ist es sehr spannend, was diese Leute alles erlebt haben. Nicht nur zwei Weltkriege, Hungersnöte und Zeiten des Überflusses, sondern auch Mythen zur Erziehung und Ernährung. Wie oft hat die Wissenschaft ihre Theorien widerlegt, wie oft haben Gesundheitsminister zu etwas aufgerufen, was aus heutiger Sicht völliger Unsinn ist. Wie viele Eltern haben ihre Kinder mit Spinat gequält, um dann als Großeltern zu erfahren, dass da gar nicht so viel Eisen drin ist.

Dann haben manche ewig keine Eier gegessen, obwohl wir heute gesagt bekommen, dass die so böse gar nicht sind. Und wie viele essen heute vegan, um womöglich bald zu erfahren, dass das auch nicht die reine Lehre ist? Oder vielleicht einfach leben, ohne dauernd übers Essen nachzudenken? Diese Generation konnte es sich nicht leisten, wählerisch zu sein, oft erzählen mir die älteren Trauerfeierkunden vom Rattenkonsum zu Kriegszeiten. Und wie oft haben sie aus Pflanzen Ersatzprodukte für Mangelwaren geschaffen – vielleicht dadurch sogar gesünder gelebt als zu den Zeiten, als es wieder alles gab und Mutter Natur von Konservendosen und Fertiggerichten abgelöst wurde? Letztlich ist alles wahrscheinlich eine Frage der Dosis. Mal bissel Spinat, mal ein Ei, ein Glas Wein an guten Tagen und der gute alte Giersch ist auch nicht zu verachten. Sich nicht alles verbieten, aber auch nicht alles erlauben. Vielleicht sitzen wir dann auch mit Ü-90 auf dem Friedhof und kichern.

Nicht bummeln ...

Was sind das nur für Schlagzeilen allerorts in diesen Zeiten: Wieder keine Ansiedlung auf einer der Gerschen Brachflächen, Lehrermangel – aber Panzerlieferungen, Inflation, Erdbebenopfer und Kriegsberichterstattung und von Hausärzten wollen wir nicht auch noch anfangen. Auch nicht von Fachärzten, eigenartigen Moves der Politik, den Folgen der Coronakrise und von der Bonpflicht ist gar keine Rede mehr.

Zu diesen doch immer im Hinterkopf tickenden Stressthemen kommen dann noch die teilweise traumatischen Alltagserlebnisse: Neulich trieb es mich in die Altstadt – meine Uhr tickte nicht mehr richtig – wo sie's wohl gelernt hat? – und ich ging zum Batteriewechsel. Der Uhr natürlich. Bereits vom ersten freilaufenden Passanten höre ich, dass die Ukrainer ja wohl die fettesten Autos fahren. Das ist mir eigentlich ziemlich egal, ich möchte trotzdem nicht mit ihnen tauschen. An der Haltestelle Sorge/Markt pinkelt eine mittelalte Frau ausgiebig in den Wartebereich und als Passanten sie zur Rede stellen und das als Sauerei beklagen, meint die Frau nur, die sollten besser ihre Fresse halten.

»Wenigstens hat sie nicht gekackt«, sage ich und alle sind irgendwie dann doch dankbar.

Eine Anruferin beklagt sich, dass die diesjährigen Texte zu meinen Fremdenführungen nicht gegendert sind.

›Das geht auch schlecht‹, denke ich, ›im Barbershop gibt's ja keine Mädchen, mithin kann man schlecht vom Berufsbild der Barberin schreiben.‹

Dabei fällt mir ein, dass ja auch keiner Krankenbruder zum männlichen Pendant der Krankenschwester sagt. Bisher, man darf sowas lieber gar nicht aussprechen, sonst kommen manche noch auf Ideen. Dann stempel ich brav in der Bahn meinen Fahrschein und der Kontrolleur mault mich später an, ich hätte nur gestempelt, weil ich ihn gesehen hätte. Dabei bin ich immer eine brave Fahrscheinentwerterin.

So schnell ist man unter Generalverdacht. Aber es gibt auch gute Nachrichten: Die Fastenzeit beginnt, zumindest für diejenigen, die darauf Bock haben. Christentum ist ja doch recht fakultativ. Sieben Wochen ohne. Vielleicht mal sieben Wochen nicht pauschal schlecht vom anderen denken. Sieben Wochen ohne jemanden Vorschriften zu machen. Sieben Wochen nicht rassistisch sein. Sieben Wochen ohne Vorurteile. Vielleicht begegnen wir uns alle nochmal ganz neu – aber bitte nicht in der Haltestelle Sorge/Markt.

Lange wird mich das Bild der in der Kälte dampfenden Urinpfütze verfolgen.

Pack die Badehose ein ...

Neulich war ich wegen einer vorzubereitenden Trauerfeier bei einer Familie und erfuhr im Vorgespräch, dass der Verstorbene als Kind noch in der Elster gebadet hatte – außer an den Tagen, an denen der Schlachthof Blut ins Wasser gelassen habe. Die rote Brühe habe man dann doch gemieden. Sogleich befragte ich auch andere Urgersche (Für Nichtgersche: Ur-Geraer), die ebenfalls von Badeerlebnissen in der Elster berichteten.

»Aber das war keen Blut, das war nur Farbe von Wandels«, brüllt mir einer meiner Ü-80-er entgegen.

»Naja, nur ist auch gut«, brülle ich zurück, »das ist doch giftig gewesen, das Zeug.«

»Aaaaach, damals hatte mor sich nüscheso.« (Für Nichtgersche: »Ach, damals hatte man sich nicht so.«)

Seine Tochter pflichtet ihm bei. »Damals hatten die Leute nicht tausend Allergien. Wenn ich das alles höre. Fructoseintoleranz. Histaminunverträglichkeit. Kreuzallergene. Damals haben die Kinder noch im Dreck gespielt und waren nicht ständig krank.«

Ich bleibe mit tausend Fragen zurück: Dürfen vegetarisch ernährte Kinder in Blut baden? Ist nach Freizeitbad, Luftbad, Sommerbad vielleicht ein Blutbad die Geraer Marktlücke?

Apropos Markt: Die Gerschen Kinder haben eine Lösung für den Freibadmangel gefunden: Tagtäglich schwimmen im Simsonbrunnen kleine Fettguschen und genießen den Sommer in der Innenstadt. Sollten wir vielleicht ein Blutbad anri... äh, einrichten und das dann den Gästen als besonders gesundheitsfördernd anpreisen? Kleopatra soll ja in Eselsmilch gebadet haben. Vielleicht kommt die Robustheit von uns Gerschen ja dadurch, dass die Urgerschen in Blut gebadet haben?

Bei der nächsten Trauerfamilie erzählt mir meine Auftraggeberin, dass sie an Laktoseintoleranz leide.

»Ich mag Lackdosen auch nicht, die stinken immer so und wenn man sie nicht richtig wieder zumacht, dann…«

»Weil ich in der DDR zwangsgeimpft wurde«, unterbricht sie mich.

Da muss ich meine neuen Erkenntnisse an ihr testen. »Wissen Sie, neulich hat mir eine über 80-jährige berichtet, sie habe ja als Kind in Blut gebadet und sei immer noch bei bester Gesundheit.«

»Ach, echt. Warm oder kalt?«

»Na ja, als ich mit ihr sprach, war sie sehr warm, das war dieser heiße Tag letzte Woche.«

»Das Blut.«

»Ach so. Kalt. Und potenziert mit Elsterwasser.«

»Und wo geht man da rein, an welcher Stelle?«

Es funktioniert.

»Blutbaden in Gera – einzigartiges Erlebnis und empfohlen nicht nur für Eisenmangelpatienten.«

Partnersuche

Der syrische Bekannte ist ratlos. Er hätte gern endlich eine Frau, aber es ist schwierig für ihn.

Nur wenige syrische Frauen sind ganz allein in Gera und die Töchter seiner Bekannten sind noch zu jung.

»Nimm doch eine deutsche Frau«, schlage ich vor.

»Das ist schwierig, für unsere Lebensart geht eigentlich nur eine syrische Frau. Wir halten total als Familie zusammen und das geht nicht so gut, wenn die Frau viel arbeitet, zum Sport gehen will oder sogar noch alleine wegfährt. Die syrische Frau sollte bei den Kindern bleiben, sich um alles kümmern, kochen, die Feiern organisieren, die Alten versorgen ... das ist fulltime, das geht nicht mit einer deutschen Frau.«

»Aaaach, es gibt doch auch deutsche Frauen, die so familienmäßig drauf sind und nicht mal unbedingt noch nen Job wollen.«

Er wiegt den Kopf. »Naja, arbeiten muss sie schon wollen, aber für die Familie. Kommt einer ins Krankenhaus, dann muss er in Syrien einen Angehörigen mitbringen, der ihn versorgt, die Krankenschwester ist dort nur für Spritzen und so zuständig, nicht für anziehen, essen und so. Und wenn die Großeltern alt und krank sind, muss man die auch zu Hause pflegen, das muss die Frau dann alles machen.«

Ich bin gerade ganz froh, als Deutsche geboren zu sein, das wäre mir ja was. »Aber bei uns gibt es im Krankenhaus Hilfe für alles, da kommt die Familie nur so zu Besuch – also wenn sie überhaupt kommt. Und dann gibt es doch hier Altersheime, Pflegeheime für die alten Leute, wenn man sie zu Hause nicht pflegen kann oder will. Du kannst ruhig eine deutsche Frau nehmen. Oder auch eine tschechische oder eine aus Dänemark.«

Er überlegt. »Aber ich weiß gar nicht, was soll ich sagen. Oft sehe ich hübsche Frauen, lächle sie an, da gehen sie gleich auf die andere Straßenseite. Einmal habe ich eine deutsche Frau zu mir eingeladen, meine Brüder waren auch da mit ihrer Familie, damit sie alle gleich kennenlernen kann, aber das hat ihr irgendwie nicht gepasst. Dann gab es eine Helferin im Verein, die hat mir erklärt, dass man in Deutschland wartet, bis man jemanden der Familie vorstellt und erstmal ins Kino geht und essen und spazieren, aber wir machen doch immer alles als Familie und die Frau gehört dann dazu.«

»Ja, aber doch nicht schon nach drei Tagen.«

Er nickt. »Okay. Aber sie soll auch keinen Alkohol trinken und keine Roster essen.«

»Hm, das mit Roster könnte klappen, aber eine ohne Alkohol wird schwierig. Vielleicht suchst Du einfach mal im Internet, da kannst Du das gleich angeben, was Du nicht willst und es melden sich nur die, die auch so drauf sind.«

Der syrische Bekannte hat es auch schon im Internet versucht; entweder wollten die Mädels nichts Festes oder sie waren mehr auf Party aus. Einmal war er auch schon vergeben, aber er habe sich dann von ihr getrennt.

»Warummen?«, frage ich und er schnauft.

»Sie hatte ein Kind, da war ein Elternfest, sie hat die Fotos bei Facebook geteilt und saß neben einem Vater von einem aus der Klasse. Das geht nicht.«

»Doch, das geht«, sage ich und er schüttelt mit dem Kopf.

»Meine Frau kann nicht neben einem anderen Mann sitzen, wenn ich nicht dabei bin.«

»Doch, das geht«, antworte ich.

»Ich weiß, dass das hier geht, aber ich will das nicht.«

»Aber wir sitzen doch jetzt auch hier, obwohl ich einen Mann habe und wir machen doch nix Schlimmes.«

Er: »Naja, weil du nicht willst.«

Ich: »Eben. Und deine Freundin hätte doch auch bestimmt nichts von dem gewollt.«

Das könne man ja nie wissen. Da hat er Recht. Das ist das Risiko in der Liebe. Man kann nicht alles verhindern.

»Vielleicht nimmste einfach nen Mann, dann seid ihr immer einer Meinung«, empfehle ich und muss los.

Pipi in den Augen

Der Mann tauchte zum ersten Mal in meinem damaligen Geschäft auf. Die hausgemachte Kürbis-Ingwer-Konfitüre war sein Begehr. Seine Frau habe die auch immer ganz köstlich zubereitet, doch nun sei sie leider verstorben.

»Tut mir leid«, sagte ich und machte ihm Hoffnung, dass ihm meine Version der Konfitüre ja auch schmecken könnte.

»Ja«, sagte er und schaute ein bisschen vor sich hin. Sicherlich sah er vor seinem geistigen Auge seine liebe Frau in ihrer gemütlichen gemeinsamen Küche, wie sie vor sich hinsummend Kürbis hackte, kochte, den Ingwer schälte. Wie sie sich die Hände an der Schürze abwischte und ihn bat, ihr doch aus dem Vorratsschrank die leeren Gläser zu geben. Wie sie in einzigartigen filigranen Bewegungen die Gläser mit der kochenden Köstlichkeit füllte, sie, die Mutter seiner Kinder, die Frau, mit der er alt werden wollte und nun ist sie einfach gegangen.

Er schluckte hart. »Kein schöner Tod gewesen«, sagte er mit zitternder Stimme und packte das Kürbisgläschen in seinen Beutel.

»Was ist denn ein schöner Tod?«, fragte ich ihn.

Er überlegte. »Na ja, wenn man einfach nicht mehr aufwacht. Oder einfach einen Herzschlag hat und tot umfällt. Sowas halt. Nicht wochenlang irgendwo im Krankenhaus liegen und warten, dass es zu Ende geht.«

»Meinen Sie denn, es ist schön, wenn man sich nicht verabschieden kann. Ich will lieber nicht spontan sterben, vielleicht irgendein Modell, wo man noch ein paar Wochen zum Verabschieden hat.«

»Ja, da haben Sie auch wieder recht.«

Wieder schwieg er. Ich wusste auch nicht, was ich dazu noch sagen soll.

»Wissen Sie«, sagte der Mann zögernd, »ich habe das noch niemandem erzählt, aber eigentlich war ich froh, als meine Frau gestorben ist.«

»Weil ihr Leiden beendet war?«, fragte ich, denn das hört man ja oft und liest das dann auch so in den Todesanzeigen.

»Erlöst« steht dann drüber oder »Gekämpft, gehofft und doch verloren.«

»Das ist es ja«, sagte er mit gesenktem Kopf, »ich schäme mich, das zu sagen, aber ich war eigentlich seit Jahren nicht mehr zufrieden mit ihr. Ständig dieses Gemecker, tu dies nicht, mach das nicht, pinkel nicht im Stehen, schnarch nicht so. Jeden Tag ging das von früh bis spät. Können Sie sich das vorstellen?«

Jetzt wurde er aber ganz schön direkt. Hoffentlich redet mein Mann nicht mal so, wenn ich tot bin.

»Haben Sie ihr das denn mal gesagt, dass Sie sich in der Ehe nicht mehr wohlfühlen?«

»Ach, da ist die doch erst richtig ausgerastet.«

Ich verstand. Der Mann als Opfer.

»Dann hat sie Krebs gekriegt. Schlimm war das. Nur noch vor sich hingesiecht und mich vollgemault. Und ich durfte dann alles machen: Kochen, Putzen, Wäsche, der Garten. Ach bin ich froh, dass das vorbei ist.«

Ich fragte mich, warum man solche Aussagen eigentlich nie in den Todesanzeigen liest. Wäre doch viel ehrlicher.

Kochen, Putzen, Wäsche, der Garten. Ach bin ich froh, dass das vorbei ist. Dein Dieter und Familie.

»Was stand denn in der Todesanzeige für Ihre Frau?«, fragte ich also.

Er überlegte. »Ach so, ja, da stand ›Nach langer, tapfer ertragener Krankheit und so weiter. In ewiger Liebe Dein Harald.‹ Was man da so schreibt halt.«

Ich überlegte. Sowas sagt doch kein liebender Mann, der seine liebe Frau verloren hat ... irgendetwas war da faul.

»Und, eine neue Frau? Meinen Sie, Sie können sich nochmal neu verlieben?«

Er: »Ich habe eine neue Lebensgefährtin. Ne Bekannte, mit der kam meine Frau nie klar, aber als sie dann tot war ...«

Schönen Dank auch. Wahrscheinlich hatte die Ehefrau so schlechte Laune, weil der Gatte die ganze Zeit bereits anderweitig unterwegs war. Warum taucht sowas eigentlich nicht auch in den Todesanzeigen auf?

In ehrendem Gedenken.
Dein Dieter und Rosi, die Du nie mochtest.
P.S.: Den Garten haben wir als Erstes abgegeben.

Klare Antwort: Was sollen denn die Leute denken, wenn man so etwas in die Todesanzeige für jemanden schreibt? Was sollen denn die Leute denken, wenn man im Trauerjahr schon einen neuen Partner hat? Was sollen denn die Leute denken, wenn zum Totensonntag das Grab nicht mit Tannenreisig gedeckt ist und ein rotes Laternchen darauf brennt?

Warum gibt es eigentlich jeden Tag Hochzeitsanzeigen in der Zeitung, aber kaum jemand gibt seine Scheidung öffentlich bekannt?

Endlich erlöst!

Ihren Wechsel in die Steuerklasse I geben bekannt:

Früh gefreit, schnell gereut.

Fehlt alles in unserer gedruckten Medienlandschaft. Facebook macht da deutlich mehr Freude. Schon zwei Mal habe ich erlebt, dass jemand bei Facebook den Beziehungsstatus von »In einer Beziehung« zu »Single« umbenannt hat. Was mag das für ein Moment sein, wenn man den Ehering ablegt und bei Facebook seine Informationen zur Person ändert? Wie viele »Gefälltmir« kriegt man dafür und vor allem, von wem?

Schön ist auch, wenn jemand bei Facebook schreibt, dass zum Beispiel seine Oma gestorben ist: »Liebe Oma, Du bist jetzt im Himmel und fehlst mir hier so sehr. Hab Dich lieb.« Oder so ähnlich. Ich warte und warte und warte – auf den Tag, an dem die Oma zurückschreibt.

Was soll es bringen, der toten Oma bei Facebook zu schreiben? Die ganz Wilden machen noch ein R.I.P. dahinter. Oder sogar einen heulenden Emoji mit dem Wort »fassungslos« oder »verzweifelt«. Das ist immer eine schwierige Situation für mich. Einerseits tut mir jeder leid, der jemanden Geliebtes verloren hat, andererseits finde ich es hoch eigenartig, dann diejenigen im Himmel – oder wo auch immer – über Facebook anzuschreiben. Was ich auch nicht mehr lesen kann: »Gute Reise über die Regenbogenbrücke.«

Wo ist das Problem, einfach mitzuteilen, dass zum Beispiel die Oma gestorben ist? Wobei auch hier die Frage nach der Notwendigkeit ist, diese Nachricht mit 840 Freunden zu teilen. Wäre man denn früher mit diesem Ausruf auf die Straße gerannt, hätte man gerufen – Richtung Himmel – »Oma, Du bist jetzt tot, geh vorsichtig über die Regenbogenbrücke!«, um es allen mitzuteilen, wirklich allen, auch denen, mit denen man vor vier Jahren mal bei einer Fortbildung betrunken oder im Hechelkurs war?

Zum ersten alkoholischen Getränk des Tages greife ich, wenn jemand unter diesen Beiträgen kommentiert:

»Och Mensch, hab gleich Pipi in den Augen.«

Leute! Wenn man vom Lesen trauriger Beiträge Urin in die Augen bekommt, sollte man schnellstens einen Urologen aufsuchen, denn das ist ein ganz ganz schlechtes Zeichen. Wenn das Geschlechtsteil weint und die Augen pissen, sollte man sich vom Rechner lösen und ins Krankenhaus fahren. Das kriegt man mit Homöopathie nicht hin. Nimmt man dann eigentlich Toilettenpapier zum Augenabwischen?

Mal sehen, wann wir dann unter den Todesanzeigen in der Zeitung so etwas lesen müssen:

Mit Pipi in den Augen.
Dein Jason Tyler Lennox

Ri ra rutsch ...

... wir fahren mit der Kutsch. Ich werde, wenn ich als offizielle Beauftragte für Altstadtbelebung an der Macht bin, eine neue Art von Stadtführungen entwickeln. Darauf gekommen bin ich in der Vorweihnachtszeit. Am Wochenende fahren da nämlich von den Gera-Arcaden aus Kutschen in die Fragmente unserer Altstadt. Natürlich ohne Haltepunkte, es ist eine Altstadtrundfahrt Haltestelle Arcaden bis Haltestelle Arcaden. Eine andere Haltestelle braucht diese Innenstadt ja auch fast nicht mehr. Jedenfalls habe ich – damals noch im Steinweg Gewerbetreibende – mich immer ein bisschen über die verstörten Gesichter der Fahrgäste bei Dunkelheit amüsiert. Sie wirkten oft wie Touristen, die durch die Slums geleitet werden. Spätestens ab Steinweg hielten sie ihre Handtaschen ein bisschen zu fest und beugten sich ja nicht zu weit aus der Kutsche.

Nun habe ich 2018 erwogen, diese Fahrten wie ein Busfahrer zu den Seniorenreisen zu kommentieren: »Willkommen zu Ihrer Altstadt-Kutschfahrt. Zu Ihrer Linken sehen Sie die verfallenden Fassaden der Leipziger Straße und da vorn, das leicht beleuchtete Gässchen, das ist unser maroder Steinweg. Wie Sie sehen, stehen hier ganze Wohnblöcke leer, die wenigen Gewerbetreibenden stehen weinend in den Schaufenstern und dunkle Gestalten lauern in den leeren Hauseingängen. Das dustere Loch geradezu ist der Zschochernplatz, früher einmal ein beliebter Treffpunkt, heute eher als Tiefpunkt wahrnehmbar. Nun fahren wir die Große Kirchstraße hinunter, damit Sie bald wieder in Ihrem sicheren, warmen Einkaufstempel Ihre Besorgungen machen können.«

Vielleicht könnte man noch bettelnde Kinder hinter der Kutsche herrennen lassen? Schön wird auch meine Geplatzte-Träume-Tour, welche am Media-Markt (abgebrannter Milchhof), vorbei in Richtung Schulzentrum (verfallende Modedruck-Gebäude), über das Kaufhaus Sorge, dann zum Kumulum (Zschochernplatz), Radrennbahn (Baulücke KuK) und viele andere unerfüllte Standorte fährt. Im Wahlkampf kommen sicher wieder neue Objekte dazu – ich bin schon gespannt. Sie auch?

Rohrblitz

Heute habe einen Großteil des Tages damit verbracht, mehr oder weniger bewusst das Ladekabel vom Handy zu suchen. Keine Chance. Einfach weg. Akku leer. Als Freiberufler lebensgefährlich. Besuch im Elektronikfachmarkt. Angesichts des krassen Preises (ja, es ist ein iPhone) der Beschluss, weiterhin zu suchen.

Mein erster Chef hat immer gesagt: »Eine Wohnung frisst nichts.«

Daran halte ich mich bis heute wacker, bis das Gesuchte wiedergefunden wird. Das Kind kehrt aus dem Kindergarten heim, ich berichte ihr von meiner Suche.

Sie: »Aber Mama, du sagst doch selber immer, eine Wohnung frisst nichts.«

Woher sie das nur hat. Ich: »Ja, aber heute ist es offenbar soweit.«

Stunden später kommt sie noch einmal aus dem ihr zugewiesenen Bett. »Mama, ich weiß, wo das Kabel ist.«

»Wo denn?«

»In dem komischen Rohr, da gings nicht mehr raus.«

Ihr Kinn bebt schon, die erste Träne rollt über die Wange.

»Welches Rohr?«

»Ich weiß es nicht mehr.«

Erste Erwägungen, die Rolle der bösen Stiefmutter nachzuspielen. Die Zeit vergeht. Ich trinke erstmal einen menorquinischen Gin und erwäge, die Toilette abzubauen, um die Rohre zu prüfen. Sie geht, einer plötzlichen Eingebung folgend, zu ihrem Spieltisch, wühlt im Unrat, fördert eine leere Küchenrolle zutage. Erfreut stellt sie fest, dass das Ladekabel da doch wieder rauskommt. Schönen Dank auch. Ich eröffne ihr, dass sie die Puppe mit den gelben Haaren morgen genauso lange suchen darf.

»Mama, wenn Du das machst, dann ... dann ... dann sag ich das dem Häschen.«

Mach doch. Wenn Du's findest.

Rückbildungskurs

Ich bestaune das neue Baby der Bekannten, die ich soeben auf der Straße traf. Sie kann noch nicht so gut Deutsch und berichtet mir etwas holprig von den ersten Tagen mit dem neuen Erdenbürger – das Übliche: schläft nicht genug, trinkt nicht genug und so weiter. Säuglinge sind immer komisch, egal, aus welchem Land die Eltern stammen.

»Bald beginnt Kurs«, sagt sie.

»Deutsch oder was?«

»Nein, anders.«

Sie kramt in ihrer Tasche und hält mir einen Prospekt entgegen. »Rückbildungskurs« steht darauf und sie fragt: »Was ist das?«

Puh. Das ist schwierig zu erklären. Ich befrage den Übersetzer von Google und zeige ihr das Ergebnis. Sie schaut verwirrt. Ich weiß leider nicht warum, denn die arabische Übersetzung kann ich nicht überprüfen.

»Keine Bildung mehr?«, fragt sie entrüstet.

Keine Bildung mehr ... ach so ... Rück-bildung. Das ist wiederum ein lustiger Gedanke, dass die Frauen, die ein Kind geboren haben, rückgebildet werden. Ihnen werden die meisten Fernsehsender weggenommen, vor allem die, die so Reportagen, Nachrichten und Dokus senden, das ist nicht gut. Shoppingsender und einfache Serien mit eingängigen Handlungen müssen gezeigt werden, damit die Rückbildung funktioniert. Kein Radio mehr, Handy nur noch zum telefonieren, Internet weg bis auf Tiktok und Insta, davon aber auch nur ausgewählte flachere Inhalte. Schminktipps, einfache Beats.

Die Zeitungen werden gekündigt und den Teilnehmerinnen wird beigebracht, nur noch auf einzeilige große Schlagzeilen zu reagieren. In denen sollten in erster Linie Straftaten durch Ausländer verkündet werden. Plakative Forderungen nach Todesstrafe für Kinderschänder – unabhängig von der Herkunft – sind ebenfalls erlaubt. Bücher sind verboten bis auf wenige Ausnahmen, musikalisch ist nur noch Schlager- und Volksmusik unter Auflagen erlaubt. Das Anstrengendste im Kurs wird sein, zu lernen, dass die Ausländer, die Politiker und wahlweise irgendeine weitere Randgruppe schuld an allem sind. Eigenverantwortung und Solidarität sind komplett auszumerzen. Dann gibt es noch einen Sprachkurs in einfacher Sprache und Dialoglehre: Die Sätze »Meiner schläft schon durch«, »Die müssen schreien, damit die Lunge wächst« und »Ach ... meine hat das in dem Alter aber schon gekonnt« müssen ganz leicht über die Lippen kommen.

Zum Ende des Kurses gehen die Teilnehmer auf Exkursionen: Sie gehen zusammen einkaufen und betrachten die Fertigprodukte, sie schauen gemeinsam einfaches Fernsehen, bekommen im Kino eine Extra-Vorstellung eines Films, der lediglich aus Effekten besteht und sehr laut ist. Danach lernen sie im Restaurant, die ausländische Bedienkraft wie eine Sklavin zu behandeln und sich über die Homosexuellen am Nachbartisch aufzuregen. Im Finale sollte das Einzige sein, was die Teilnehmer noch unter Kultur verstehen, ein Kulturbeutel sein, den sie für den Ehemann packen, wenn er auf Geschäftsreise geht. Dann ist der Rückbildungskurs erfolgreich absolviert. Meine Bekannte wartet geduldig.

Ach ja. Ich versuche es so: »Wenn Du ein Kind kriegst,« (hier mache ich die Angela-Merkel-Raute als Symbol für die

Gebärmutter), »wird alles grooooоß (Raute geht bis zu den Rippen). Rückbildungskurs ist Gymnastik (ich turne ein bisschen), damit alles wieder kleeeeeiiiiin wird. Alles wird wieder straffer (ich zwicke in meinen Bauch).«

Parallel tippe ich auf dem Translator »Gymnastik« und »Stillzeit« ein und hoffe das Beste. Sie nickt – und macht spontan auf der Straße einen Hampelmann. Ein gutes Zeichen. Die Rückbildung hat schon begonnen.

Running egg

»Januar, Februar, März, April, die Jahresuhr steht niemals still«, hat meine minderjährige Mitbewohnerin immer gesungen, als sie noch im Kindergarten war. Und Recht hatte sie, kaum sind die Osterglocken verklungen, geht es munter weiter in den April. Noch 274 Tage bleiben jetzt bis zum Jahresende und wer seine guten Vorsätze bereits aufgegeben hat, kann sich freuen, noch so lange unvernünftig sein zu dürfen. Wer allerdings 91 lange Tage nicht mehr raucht oder andere Vorhaben für das neue Jahr durchgezogen hat, muss nun nur noch 274 Tage durchhalten.

April – der Monat, der mit Wetterkapriolen punktet und mit schlechten Scherzen beginnt. Immer und immer wieder falle ich auf Aprilscherze herein, vor allem an den Tagen, an denen mein Ladengeschäft geöffnet war und Menschen dieses betraten mit Sätzen wie: »Jetzt geht es aber vorwärts hier in der Altstadt« oder »Mensch, der Steinweg wird ja jetzt ganz schön belebt«. Allerdings habe ich auch lange an die Existenz von Hanghühnern geglaubt. Warum sollte ich nicht weiterhin an die Altstadtbelebung glauben? Sicherlich gibt es tatsächlich Hühner mit verschieden langen Beinen.

Neulich habe ich eine Lesung vor älteren Menschen gehabt. Sie hörten sich meine Welterklärer-Geschichten an und nach der Vorstellung meinten sie, das stimme ja alles, man müsse wirklich mal mehr in die Stadt gehen und gucken, was so los ist. Aber man käme mit dem Rollator ganz schlecht den Berg hoch.

»Ja«, sagte ich, »dafür geht's heimwärts dann schneller und Sie waren mal an der frischen Luft. Diese trockene Klimaanlagenluft in den Einkaufstempeln ist doch wirklich nichts für die älteren Leute. Dann diese laute Musik, aus jedem Geschäft eine andere.«

Alle nickten zustimmend. Mal sehen, wann sie die Altstadt stürmen.

Vielleicht sollte man mit Hanghühnern den Weg von den Shoppingtempeln in die wahre Innenstadt markieren. Das wäre doch mal was: Sorge und Kirchstraße hinauf Hanghühner, womöglich blinkend, mit Werbeaufdrucken der jeweils anliegenden Geschäfte. Ein running gag mit running egg(s), denn die Eier der Hühner werden dann natürlich bergab rollen, direkt in die Einkaufstempel, die der Eierflut nicht Herr werden, keiner will mehr da rein, wo sich die Eierschalen vorm Eingang türmen und das Gewusel von Küken und Eigelb einen eigenen und ganz und gar eigenartigen Geruch produziert. Das wird fein. Ich muss jetzt gehen, Mitstreiter suchen, das mach mor.

Scharfer Käse

Sie steht vor mir in der Warteschlange vorm Käsehändler auf dem Markt. Eine gepflegte ältere Dame, french Nails, massig Geschmeide und adrett frisiert, selbst der Rollator ist modisch lila lackiert. Sie bestellt souverän die leckersten und hochpreisigsten Dinge, da noch ein Eckchen vom Ziegenkäse, dort etwas von dem Schaf ... der Käseberg wächst, und ich hatte eigentlich was anderes vor ... und beschließe, auf mich aufmerksam zu machen, um das Ganze zu beschleunigen.

»Na, da wird Ihr Mann sich aber freuen, wenn Sie solche Leckerlis mitbringen«, sage ich und sie schüttelt nur den Kopf.

Sie bezahlt, gibt ein nahezu dekadentes Trinkgeld, packt in aller Seelenruhe den Einkauf ins Rollatorkörbchen, schließt die Handtasche, nachdem sie vorher das Wechselgeld verstaut hat, jeder Schein ein eigenes Fach ... warum habe ich immer solche Leute vor mir ... da faucht sie los.

»Männer. Hören Sie uff! Die verdammten verfickten Schweine. Immer besoffen, dann wolln se ficken. Was ich mit meim Mann mitgemacht hab, das gloom Sie nüsch. Drei Kinner hattmer, isch voll gearbeet, eingekooft, s Fressn gekocht, wenn de Kinner im Bette waren, kamer heem, besoffen und wollt noch ficken. Ihr habts ja heute scheen, da gibts e Frauenhaus, wir wussten ja damals nüsch, wohin, da habsch paar Ma im Garten geschlafen, unnern Stachelbeern unn geheult unn wusste nüsch, wohin.«

Sie weint ein bisschen. Dann trocknet sie entschlossen ihre Tränen. »Vor fünf Jahren isser gestorm. Endlich, habsch mir da gesacht. Jetzt habsch endlich meine Ruhe und ne schöne Witwenrente.«

»Und Sie können Ihren schönen Käse alleine essen«, fasse ich zusammen.

»Genau«, sagt sie, wendet den Rollator und fährt Richtung Gemüsestand.

Schopftintlinge

Krematorium Ronneburg. Vor der Trauerfeier laufe ich immer ein bisschen über die Wiese, wenn es eine gibt und komme ein bissel runter vom normalen Leben. Heute neben mir plötzlich der Sohn der Verstorbenen.

»Schopftintlinge«, sagt er und zeigt auf ein paar traurig aussehende Pilze. »Die hab ich mit meinem Vater immer gesammelt. Wenn sie zu alt sind, schmecken sie nicht mehr. Wie das Leben.«

Wir gehen rein.

Selbst und ständig

Als Mohamed in Deutschland gut die Sprache gelernt hatte, aber keinen Job fand – in Syrien hatte er in einer Apotheke gearbeitet – beschloss er, einen Lebensmittelladen zu eröffnen.

Bei einem Besuch bei Freunden hatte er im Erdgeschoss ihres Hauses einen leeren Laden vorgefunden. Der Vermieter war sehr skeptisch und wollte vorsichtshalber die Miete für ein Jahr im voraus. Mohamed erklärte ihm, dass er sich das nicht leisten könne, weil er ja als Geflüchteter nur wenig Geld vom Staat bekäme, das wiederum aber gern nicht mehr nötig hätte. Es ist natürlich fraglich, ob eine Existenzgründung hierfür die richtige Lösung ist und offenbar dachte sich das der Hauseigentümer auch.

Nach vielen vergeblichen Gesprächen und Besichtigungen fand Mohamed dann bei sich um die Ecke einen verzweifelten westdeutschen Immobilienbesitzer, der seinen unsanierten Laden nicht losbekam und dann tatsächlich an ihn vermietete.

Mohamed erfuhr, dass man in Deutschland eine Gewerbeerlaubnis braucht, also ging er zum Gewerbeamt und beantragte den Gewerbeschein. Den bekam er gegen eine Gebühr prompt und besorgte mit Freunden ein paar gebrauchte Regale und einen Kühlschrank. Nun brauchte er natürlich noch Ware, eine Kasse, eine ordentliche Waage und andere Dinge – aber der Zuschuss vom Amt für Existenzgründer beträgt für das erste halbe Jahr die Hälfte vom Hartz IV – Satz. Rücklagen hatte er keine und aus Drogengeschäften hatte er sich schon in der Apotheke wenig gemacht. Mohamed brauchte also einen Kredit. In Syrien borgen Gründern oft

Freunde und Verwandte das Geld, alle in der Familie helfen mit, hier konnte er darauf nicht zurückgreifen und musste zur Bank gehen.

Für die Beantragung eines Mikrokredits über 3.000 Euro musste Mohamed ellenlange Formulare ausfüllen, einen Businessplan erstellen und seine Finanzen planen. Ratlos saß er vor einem Formularberg von 15 Seiten mit unzähligen Fragen, die er beantworten musste (Auszug gekürzt):

Gründerperson(en)

Welche Qualifikationen/Berufserfahrungen und ggf. Zulassungen haben Sie?

Über welche Branchenkenntnisse verfügen Sie?

Über welche kaufmännischen Kenntnisse verfügen Sie?

Geschäftsidee: Produkt/Dienstleistung

Was ist der Zweck Ihres Vorhabens?

Was ist das Besondere an Ihrer Geschäftsidee?

Was ist Ihr kurz- und langfristiges Unternehmensziel?

Welches Produkt/welche Leistung wollen Sie herstellen bzw. verkaufen?

Start der Produktion/Dienstleistung?

Entwicklungsstand Ihres Produktes/Ihrer Leistung?

Welche Voraussetzungen müssen bis zum Start noch erfüllt werden?

Wann kann das Produkt vermarktet werden?

Welche gesetzlichen Formalitäten (z.B. Zulassungen, Genehmigungen) sind zu erledigen?

Markt und Wettbewerb

Wer sind Ihre Kunden?

Wo sind Ihre Kunden?

Wie setzen sich die einzelnen Kundensegmente zusammen (z.B. Alter, Geschlecht, Einkommen, Beruf, Einkaufsverhalten, Privat- oder Geschäftskunden)?

Haben Sie bereits Referenzkunden? Wenn ja, welche?

Sind Sie von wenigen Großkunden abhängig?

Welche Bedürfnisse/Probleme haben Ihre Kunden?

Gibt es andere Entwicklungen in »Ihrer« Richtung?

Wer sind Ihre Konkurrenten?

Was kosten Ihre Produkte bei der Konkurrenz?

Welches sind die größten Stärken und Schwächen

Welche Schwächen hat Ihr Unternehmen gegenüber Ihrem wichtigsten Konkurrenten?

Wie können Sie diesen Schwächen begegnen?

Hier stutzte Mohamed. Sollte er jetzt Ahmad und seine Frau eintragen, die ein paar Häuser weiter ebenfalls ein Lebensmittelgeschäft betrieben? Er hatte natürlich schon mal bei ihnen gestöbert, wie der Laden eingerichtet war und welche Preise die beiden verlangten. Aber jetzt noch nach ihren Schwächen und Stärken zu schauen, erschien ihm ziemlich gemein. Notgedrungen trug er ein »Oft Streit, Ehepaar« ein.

Standort

Wo bieten Sie Ihr Angebot an?

Warum haben Sie sich für diesen Standort entschieden?

Welche Nachteile hat der Standort?

Wie können Sie diese Nachteile ausgleichen?

Auch dieses Feld war schwierig. Er hatte ja keine Wahl gehabt und musste den Laden nehmen, den er überhaupt kriegen konnte. Er wusste wohl um die Nachteile – der Laden war unsaniert, in einer Lage am Rand der Stadt – aber konnte er das eintragen? Mohamed entschied sich, einfach anzugeben, dass der Standort perfekt sei, weil die Landsleute, die noch keinen Führerschein haben, ja gut mit dem Bus hinkommen.

Marketing
Welchen Nutzen hat Ihr Angebot für potenzielle Kunden?
Was ist besser gegenüber dem Angebot der Konkurrenz?
Welche Preisstrategie verfolgen Sie und warum?
Zu welchem Preis wollen Sie Ihr Produkt/Ihre Leistung anbieten?
Welche Kalkulation liegt diesem Preis zugrunde?
Welche Kosten entstehen durch den Vertrieb?
Welche Absatzgrößen steuern Sie in welchen Zeiträumen an?
Welche Zielgebiete steuern Sie an?
Welche Vertriebspartner werden Sie nutzen?

Danach folgten unendlich viele Fragen zur Organisation und zu Mitarbeitern, zur Rechtsform, zu den Chancen und Risiken sowie zum Finanzplan.

Mohamed brummte der Kopf, all diese Dinge musste er für einen winzigen Laden mit arabischen Produkten angeben und an manchen Tagen hatte er Stunden mit der Übersetzung der Fragen zu tun, um dann eigentlich keine Antwort zu wissen. Er füllte alles so gut aus, wie er konnte, und reichte die Unterlagen bei der Bank ein.

Es klappte! Er bekam den gewünschten Kredit und konnte loslegen, kleiner Warenbestand, Kasse, Waage, Kühlschrank mit Glastür, das sollte erst einmal reichen.

Nach ein paar Tagen kam ein deutscher Bekannter vorbei und fragte, ob er denn gar keine Ordner habe, in Deutschland brauche man immer so viele Ordner. Wenige Tage später wusste Mohamed, was der Bekannte gemeint hatte.

Der Laden war einen Tag geöffnet, die Landsleute drängten sich um seine Angebote, da stellte sich ein Mann vor und fragte nach dem Feuerlöscher. Mohamed fragte aufgeregt, ob es denn brenne und wenn ja, wo. Der Mann sagte, dass Mohamed einen Feuerlöscher im Laden brauche für den Fall, dass es mal brennt. Zufälligerweise hatte er auch gleich einen Feuerlöscher dabei und verkaufte ihn an den verwirrten Syrer. Dazu bekam er einen Zettel, worauf stand, wann der Mann wiederkommt, um den Feuerlöscher zu warten.

Dann kam eine sehr nette Frau und erklärte ihm, seine Lebensmittelkontrolleurin zu sein. Sie schaute alle Etiketten an, ob überall draufsteht, was drin ist, und nach den Mindesthaltbarkeitsdaten und Mengenangaben und bat ihn, die Kühltruhen mit dem Fleisch immer gleich wieder zu schließen und vor allem die Tüten mit dem Fleisch endlich zu beschriften. Das tat er sofort, danach erklärte sie ihm allerhand zur Lebensmittelkennzeichnungsverordnung, dem Hygienemanagement und der Kühlkette. Mohamed begann, alles aufzuschreiben und in seinen neuen Ordner zu heften. Auch bekam er von der Frau ein Protokoll, das er gleich dazu heften konnte. Sie sagte, sie komme jetzt öfter und helfe ihm auch ein bisschen, sich in dieses Hygienemanagement einzufinden. Zunächst solle er einen Reinigungsplan erarbeiten und danach schauen, dass nur Leute mit Hygienepass an seinen Lebensmitteln arbeiten. Seine Mutter, die im Hinterzimmer Pinienkerne in kleine Tüten füllte, müsse hierfür noch eine Hygieneschulung absolvieren und überhaupt: seine Waage sei nicht geeicht.

Tage später kam der Mann vom Eichamt und stellte für über 100 Euro fest, dass die Waage richtig wiegt und aber im nächsten Jahr geschaut werden müsse, ob sie das brav weiter mache. Da sie eine Waage sei, die nur eine Anzeige habe, müsse jedes Jahr geprüft werden. Wäre es eine Waage, die eine Kunden- und eine Bedieneranzeige habe, müsste er nur aller zwei Jahre zum überprüfen kommen. Mohamed nickte und heftete die Zettel ab.

Der Steuerberater hatte Mohamed erklärt, dass er an jedem Tag aufschreiben müsse, was er eingenommen hat und wenn er Geld aus der Kasse nimmt, zum Beispiel für Ware oder Benzingeld oder seine Familie, dann muss er das auch aufschreiben und den Zettel dazu aufheben. Am Ende des ersten Monats rief ihn der Steuerberater an und fragte, ob Mohamed schon einmal etwas von einem Kassenbuch gehört habe.

»Ja«, sagte Mohamed gleich, »ich hatte das Buch immer neben der Kasse und habe alles aufgeschrieben.«

Der Steuerberater erklärte ihm, dass ein zerfleddertes Matheheft eben kein Kassenbuch sei und brachte ihm eins vorbei. Außerdem erklärte er ihm, dass er jeden, aber auch wirklich jeden Abend einen Tagesbericht machen müsse, in dem steht, was er eingenommen, was er ausgegeben hat und wie viel Geld noch in der Kasse ist. Dieser Kassenbestand wiederum muss in einem Zählprotokoll nach Fünfziger,

Zwanziger, Zehner und Fünf-Euro-Scheinen und den einzelnen Münzen aufgeteilt sein. Mohamed fragte vorsichtshalber, ob er die Jahreszahlen auf den Münzen auch irgendwo eintragen muss und der Steuerberater lachte nur und meinte, das sei ja dann wirklich Quatsch.

Das Geschäft ließ sich gut an, Mohamed war zufrieden und seine Kunden auch. Einmal kam ein Mann und wollte wissen, woher die Musik komme, die im Laden laufe, dann sagte er, er sei von der GEMA. Der Laden sei ein öffentlicher Aufführungsort und somit müsse Mohamed Gebühren für die Musik bezahlen, die da im Hintergrund laufe. Auch die GEZ, die nicht mehr GEZ heißt, schickte ihm einen Brief und berichtete, er sei eine Art Haushalt und müsse also Rundfunkbeiträge zahlen, auch wenn er, wie Mohamed es machte, sein Radio jeden Morgen von zu Hause mitnehme und am Abend wieder zu Hause hinstelle. Mohamed stellte allmählich keine Fragen mehr und bezahlte einfach alles, was so in seinem Briefkasten landete.

Eines Tages stolperte eine Frau auf seiner Ladentreppe und sagte, sie käme von der Berufsgenossenschaft und er müsse diese Treppe mit gestreiftem Klebeband markieren. Auch an den Kühltruhen sei eine Stufe, die zu beschriften sei. Sie schaute noch nach dem Feuerlöscher, der zum Glück noch da war und wies Mohamed darauf hin, dass der in eine Wandhalterung gehöre. Mohamed erklärte ihr, dass er den Feuerlöscher immer nicht aus der Halterung lösen konnte und ihn deshalb lieber auf den Boden gestellt habe, damit er ihn gleich hat, wenn es brennt. Die Frau sagte, er könne darüber fallen und müsse deshalb den Löscher an die Wand hängen, auch wenn er ihn im Falle eines Feuers nicht aus der Halterung bekäme.

Denn der Laden sei ja versichert und verbrannte Dinge würden ihm ja dann von der Versicherung ersetzt. Mohamed erinnerte sich düster an den Tag, den er mit einem Versicherungsmann verbracht hatte. Der hatte ihm sogar schon einen Ordner mitgebracht, zum Glück, denn die anderen vier waren bereits gut gefüllt. Auch mit einem Bußgeldbescheid, weil er Pfingstmontag den Laden geöffnet hatte. Weihnachten und Ostern hatte er auf dem Schirm gehabt, weil er da bei deutschen Bekannten immer mit auf dem Sofa saß, aber Pfingsten war denen nicht klar gewesen und so hatte er einfach Montag früh aufgeschlossen. Schon am Mittag hatten die ersten deutschen Nachbarn irgendwo Bescheid gesagt und er bekam das Bußgeld.

Als wir uns kennenlernten, hatte er mittlerweile sogar deutsche Kunden, die arabisches Brot und Hummus kennengelernt hatten und gern mit ihm schwatzten. Seitdem kann er auch als Satzabschluss »ge« sagen.

Auch hatte er wenige Tage zuvor gelernt, dass seine zehnjährige Tochter eigentlich nicht die Regale nach der Schule auffüllen darf und was eine Betriebskostenabrechnung ist. Die bekam er nach über einem Jahr und staunte, wie schön man in einer Tabelle alle möglichen Kosten aufschreiben kann, um die hinterher auf die Leute im Haus zu verteilen.

Wenn in Syrien wieder Frieden ist, möchte Mohamed nach Hause zurück, auch weil man da nicht so viele Ordner braucht. »Aber meine geeichte Waage und meine vielen Ordner nehme ich mit, die kann ich da ausstellen.«

Spazierengehen ist gesund

»Und was machen Sie so zum Ausgleich?«, fragt der Arzt und blättert im Befund.

»Ich gehe gern spazieren«, erwidere ich und er schaut mich erstaunt an: »Ach, das hätte ich nicht gedacht von Ihnen. Also ... gehen Sie so normal spazieren oder mehr so montags?«

Hui, soweit hatte ich gar nicht gedacht. »Nee, mehr so jeden Tag verschiedene Routen«, antworte ich und wir lachen.

Wie schnell mittlerweile Gespräche so kippen. Die Pandemie, die Impfung, die Regeln, die AFD trennen Freundeskreise und Familien. Das Schlimme ist die Aggressivität, die heizt einfach alle Themen auf.

Es ist eben ein Unterschied, ob jemand sagt: »Ich denke, ich stecke eine Erkrankung einfach weg und lass mich nicht impfen«, oder ob jemand sagt: »Du dumme Bitch, setz die Maske ab.« Das hat mit Respekt zu tun und mit der Gabe, im richtigen Moment einfach mal die Klappe zu halten. Wir alle kennen diese Veganer, die es nicht auf die Kette bekommen, sich normal an einen Tisch zu setzen, sondern zwanghaft und mit bösem Gesicht das Fleischgericht des Tischnachbarn beäugen. Die nicht einfach sagen können: »Hau rein, ich ess was anderes«, sondern »Iiiih, Du Aasfresser, weißt du, was du da verputzt?«

(Ja, ich kenne auch die Fleischfresser, die auf dem armen Veganer herumhacken, das ist genauso blöd).

So ist es jetzt mit Corona. Manche schreien Geimpfte an, warum sie so doof sind, andere schreien Ungeimpfte an, warum sie so doof sind.

Neulich lernte ich eine Russin kennen und ihr erster Satz war nicht: »Hallo ich heiße Olga« oder so, sondern: »Ich möchte mich nicht zum Krieg äußern.«

Ich erwiderte: »Hatte ich auch nicht vor, ich wollte Ihnen nur ein paar russische Vokabeln aus meinem Hirn präsentieren, damit Sie sich freuen.«

Erfreut nickte sie. Später erzählte sie mir, dass sich früher, vorm Krieg in der Ukraine, die meisten neuen Bekannten freuten, wenn sie ihr »достопримечательности« fehlerfrei aufsagen konnten. Heute freuen sich die neuen Bekannten, wenn sie Olga mit ihren neuesten Kriegstheorien überraschen können.

Als ich vor kurzem mit der Minderjährigen über die Notwendigkeit der Anschaffung von Turnschuhen einer gewissen Marke vorm Regal diskutierte, beobachteten wir eine Frau mit Tochter, die wiederum – auf russisch – eine bestimmte Größe suchten. Als sich unsere Blicke trafen, redete die Frau plötzlich deutsch mit der Tochter und erklärte mir, nachdem wir die Schuhkartons getauscht hatten, dass es einfach schrecklich geworden sei, beim Russischsprechen erwischt zu werden. Vorher hatte sie wenigstens das Image, immerhin keine Syrerin zu sein.

Mal ganz ehrlich: sollten wir nicht einfach alle gemeinsam auf die Straße gehen und eine Abfuck-Prämie einfordern? Letztlich sind wir doch alle mehr oder weniger von irgendwas abgefuckt: von 2G, 2Gplus, 3G, von den Spaziergängern; die wiederum von denen, die gegen die Spaziergänger stehenbleiben; wir sind abgefuckt von den Wechseljahren und dem Mindestlohn, von Hartz IV oder der Lage in der Ukraine, vom Klimawandel und dem Winter, dem Katastrophensommer, den Gaspreisen, dem Welthunger und der Inflation ... es gibt so viele Gründe für die Abfuckprämie, die kurbelt dann auch gleich die Wirtschaft an und alle freuen sich – bis die nächste Sau durchs Dorf getrieben wird. Bis dahin sollten wir uns nicht den Respekt voreinander nehmen lassen.

Summer in the city

31 Grad. Der Sommer ist da – er hat im Gegensatz zu anderen schönen Dingen keinen Bogen um Gera gemacht. Doch wo ist der Gersche? Im Stadtzentrum isser nich. Im Freibad kann er nicht sein. »Och, wir gehn viel in Gardn«, sagt er und verschwindet.

Wollte ich gestern auch, da ruft der Kindergarten an, das Kind sehe auf dem rechten Auge verschwommen.

»Bisher hat sie doch nur nicht gehört, jetzt geht's wohl mit den Augen weiter«, murmle ich. Also Kind abholen und auf zum Augenarzt. Nach zwei Stunden Wartezeit – immerhin besser als die üblichen sechs Monate – die Aussage, dass das Auge kerngesund sei.

»Gibt es eigentlich Augenapfelkerne?«, frage ich die Helferin. Sie winkt ab. Nun also in den Garten. Als ich gerade halbherzig zur Hacke greife, ertönt heftiges Geschrei. Das Kind hält sich den Oberschenkel. Eine Wespe macht sich eilig vom Acker. Aus den Hecken der Nachbargärten erheben sich Gärtnerköpfe wie Orgelpfeifen.

»Wass'n passiert?«, fragen die Köpfe.

»Wespe«, rufe ich und kaue Wegerichblätter, um sie auf den Stich aufzulegen. In einem der verwahrlosten Beete finde ich eine alte Steckzwiebel, ich schneide sie durch, lege sie mit auf den dicken roten Punkt. Abgerundet wird diese Installation durch einen kalten Waschlappen.

»Du riechst wie ein Döner-Smoothie«, kichere ich und begebe mich erneut ins Beet. Das Kind geht hinkend wieder spielen. Wenige Minuten später entsetzliches Geschrei. Diesmal hat es den rechten Ringfinger erwischt. Zum Glück habe ich genug gekaute Wegerichblätter und die andere Hälfte der alten Steckzwiebel.

»Jetzt weiß ich, warum Sie dieses Unkraut angebaut haben,« sagt der Nachbar.

Das Wespennest ist schnell gefunden. Das hat man davon, wenn man als nachhaltige Mutti eine Kabeltrommel aus Holz upcyclingmäßig in einen Kinder-Spieltisch umwandelt. Denn in diesem Kabeltrommelspieltisch ist ein Loch und dahinter verbergen sich die gestreiften Stechtiere. Gleich morgen werde ich einen Bisphenol-A-verseuchten Plastetisch kaufen, der so ausdünstet, dass er gleich als Insektizid durchgeht.

Ich schlage dem Kind vor, für heute besser nach Hause zu gehen. Sie stimmt erleichtert zu. So wird aus dem Schrebergarten nie ein Strebergarten. Nächstes Mal gehen wir besser in einen Bier-Garten, die gibt's in Gera noch. Man trägt zum Erhalt der einheimischen Gastronomie bei und kann den Frust nach einem solchen Nachmittag ersäufen.

Top Sekret

Frau: »Na ja, und dann nach zehn Jahren Ehe hat er mich dann mit seiner Sekretärin beschissen, das wars dann.«

Ich: »Naja, in der SEKRETärin kommt ja auch Sekret vor, die konnte sicher nicht anders.«

Frau: »Ach so, das hab ich natürlich noch nie so wahrgenommen.«

Ich: »Dafür bin ich doch auch die Welterklärerin.«

Frau: »Ja, jetzt versteh ich auch den Buchtitel damals.«

UPS

Dialog des Tages:
Mann vom Paketdienst: »Ups.«
Ich: »Ja, da arbeiten Sie.«
Mann vom Paketdienst:
»Nee, ich hab n Paket für Sie im Depot vergessen.«
Ich: »Ups.«
Mann vom Paketdienst: »Ja, da arbeite ich.«

Valentin

Februar. Was fällt Ihnen zu Februar ein? Ein leeres Konto von all den jährlichen Abbuchungen. Die Bekämpfung der Weihnachtsreste, welche sich über Wochen heimlich in der Wohnung ausgebreitet haben. Noch immer kriechen hinter Übertöpfen weihnachtliche Dekorationen hervor, ein Blick auf die Lampe überm Tisch verrät, dass dort ein verlegener Holzstern hängt und der riesige Mistelzweig wartet darauf, dass jemand ihn endlich abnimmt. Aber sonst? Weihnachtsmarkt weg. Winterdorf weg. Altstadt leer. In Gera zumindest. Das Volk würde sich womöglich erst wieder zum Ostergeschenkemarathon auf den Weg in die Geschäfte machen, wenn da nicht ... genau, der Tag der Blumen- und Süßwarenhändler käme: der VALENTINSTAG!

Laut Wikipedia geht das Brauchtum dieses Tages auf einen oder mehrere christliche Mehrtürer (das sind die Autos mit den Fischen hinten drauf), nein, Märtyrer namens Valentinus zurück, die der Überlieferung zufolge das Martyrium durch Enthaupten erlitten haben. Passt gut! Sind Verliebte und Liebende denn nicht immer auch ein bisschen kopflos?

Meiner Ansicht nach fehlen hierzulande einfach Füllfeiertage, um dem Einzelhandel auf die Sprünge beziehungsweise über die Zeit zwischen Ostern und Weihnachten zu helfen. Insbesondere Feiertagen wie dem Weltfernmeldetag, Tag des Lehrers, Tag der Volkspolizei, Tag der Werktätigen in der Metallurgie, Tag der Internationalen Brigaden, Tag der Werktätigen des Bereiches der Haus- und Kommunalwirtschaft, Tag der Werktätigen der Leicht-, Lebensmittel- und

Nahrungsgüterindustrie, Tag des Chemiearbeiters sollte wieder mehr Bedeutung beigemessen werden.

Der Einzelhandel und die Gastronomen brauchen mehr Feiertage, um über die Runden zu kommen und insbesondere um sich von den Corona-Schäden zu erholen. Auch die Bürger sollten nicht diese lange Phase der Bargeldanhäufung ertragen müssen oder das Geld im Auslandsurlaub verballern, lieber ein paar Feiertage mehr, an welche eine Geschenkpflicht oder zumindest Geschenkerwartung gebunden ist.

Natürlich ist es auch mit den internationalen Bürgern alles nicht einfacher geworden. Sie feiern unsere Oster- und Weihnachtsorgien nicht mit und sind daher leider für unseren Einzelhandel und die Lokale so gar nicht interessant. Und dann fasten sie auch noch wochenlang, wo sie auch nichts konsumieren, außer wenn's dann dunkel wird. Vielleicht sollte man bei den Füllfeiertagen verpflichtend die internationalen Bürger zum Geschenkekauf nötigen. Oder wir feiern alle Feiertage gemeinsam, Ostern, Weihnachten (da wissen ja eh viele Deutsche nicht mehr genau, was der religiöse Part war), Geburtstag, Opferfest, Madaraka-day, Geburtstag von Königin Sudita, Tag der Ankunft der indischen Einwanderer, Zuckerfest, Fastenbrechen, Muttertag, Kindertag und beschenken uns international. Das nützt der Integration, der Völkerverständigung und dem Einzelhandel und der Gastronomie.

Ich denke, mit einem geförderten Modellprojekt sollten wir anfangen.

Viel zu tun

Neulich waren wir im schönen Weißenborn, um für den Garten einen ordentlichen Gabelrechen zu erwerben. Der freundliche Leitermacher besaß neben Holzwaren auch Geflügel – schöne dicke braune Hühner – und mittendrin ein Tier, das sah so ganz anders aus als die gefiederten Freunde. Es war kleiner, weiß und ganz puschelig, mit einer Art Irokesenschnitt und Federmanschetten an den Beinen.

»Da ist mein lieber guter Hahn«, verkündete der Leitermacher, »der alte war ganz böse. Der sah wunderschön aus, groß, kräftig, bunte Federn, alle haben mich um den schönen Hahn beneidet. Aber nach einem Jahr wurde der böse, ist auf mich los und hat nach mir gehackt. Meine Frau fand das lustig, bis er sie ins Bein gehackt hat. Da musste er weg.«

»Und die Hühner akzeptieren den weißen Typ, obwohl er kleiner ist und völlig anders aussieht?«

»Ja ja«, lacht der Leitermann, »der kümmert sich gut um die Hühner, ein ganz lieber ist das und die Hühner sind alle sehr zufrieden.«

Ein gelungenes Integrationsbeispiel aus dem Saale-Holzland-Kreis. Und da wir gerade im weitesten Sinne das Thema Verkehr behandeln, ist noch Folgendes zu beklagen: Auf der Heimfahrt habe ich überlegt, dass es doch fair wäre, wenn man auf dem Fußgängerschild, auf dem derzeit nur Frau und Kind zu sehen sind, einen treusorgenden Familienvater dazu kleben könnte und sollte. Dann fiel mir ein, dass das wohl nicht geht, weil ja sonst die gleichgeschlechtlichen Eltern sich beschweren, dass das Schild Rollenklischees a là Vater-Mutter-Kind bedienen könnte. Also vielleicht zwei Frauen, zwei

Kinder, zwei Männer aufs Schild. Jedoch könnten nun die betagteren Bürger kommen und die Menschen mit Handicap und sich beklagen, dass sie ja auch als Fußgänger wahrgenommen werden müssen und nicht nur Familien. Also wäre eine Ergänzung um vielleicht eine gebeugte Dame mit Stock und vielleicht einen beigen Herrn mit Funktionsweste sinnvoll. Dann wiederum könnte aber auch eine Seniorenvereinigung kommen und zu Recht sagen, dass die neuzeitlichen Silversurfer sich nicht auf die Unfarbe beige und Funktionswesten beschränken lassen wollen.

Also vielleicht Piktogramme von rüstigen Rentnern, die auf dem Weg zum Fußgängerüberweg auf ihren Smartphones tippen. Heutzutage kann man es keinem mehr recht machen. Dinge, die früher nur so geduldet wurden, werden eben heute seziert und überprüft. Denn auch der dunkelhäutige oder südländisch aussehende (solche Beschreibungen liest man gelegentlich in den Polizeiberichten) internationale Bürger müssen bei den Fußgängerschildern berücksichtigt werden. Es ist also zu erwägen, die Schildfarben zu variieren, damit auch die vielen Hautfarben, Augen- und Haarfarben beachtet werden. Was das alles kostet ...

Womöglich ist es doch besser und politisch korrekter, ein, fach nur »Achtung Fussgänger(innen)« zu schreiben und die Bildsprache wegzulassen. Oder nur die Füße abzubilden. Aber was, wenn dann nur Herrenschuhe zu erkennen sind und keine mit Absatz, keine Kinderschuhe, obwohl diese Zielgruppe ja besonders als Fußgänger unterwegs ist? Was, wenn sich die feministische Front beklagt, dass nur Herrenschuhe auf dem Schild sind; dass Absatzschuhe die fußgehende Frau sexuell reduzieren, die beiden Schuhe die Einbeinigen diskriminieren? Okay. Nur noch Schrift auf Schild. Mit Übersetzung in mindestens vier Sprachen.

Wahlkrampf

Samstag morgen auf dem Ostfriedhof. Einer der wenigen Orte, wo keine Wahlplakate hängen.

Sagt die Witwe: »Mein Mann hat immer gesagt, Politik versaut den Charakter.«

Ich: »Ja, manchmal versaut aber auch der Charakter die Politik.«

Schweigend gehen wir Richtung Feierhalle.

Was soll nur wer'n

Im Gerschen Buchladen. Ich bestaune einen wunderschönen Bauhaus-Bildband, der neu erschienen ist. Ich blättere interessiert, da schnauft es an meinem Ohr. Eine Frau schaut über meine Schulter in das Buch.

»Ich freu mich schon voll auf das Bauhaus-Jubiläum«, sage ich.

Sie schaut mich verächtlich an. »Ach, bei den Rabatten verdienen die doch immer noch genuch.«

Sie geht. Was soll nur wer'n.

Wau

Einsamer Waldweg. Ein Pony im Hundekostüm kommt auf mich zugerast und leckt meine Knie. Der Besitzer, ein schnaufender Silberrücken, kommt gefühlte Stunden später.

»Keine Angst, der tut nix, das ist ein totaler Familienhund« ruft er und wedelt mit der Leine.

»Ähm, ich weiß nicht, ob wir schon darüber gesprochen haben, aber ich gehöre nicht zu Ihrer Familie.«

Er guckt mich interessiert an. »Noch nicht, haha«, nimmt sein Pony und geht weiter.

Weissagungen der dixtinischen Madonna

Eigentlich alles schön. Unser Toter ist unter der Erde, die Blumengestecke am Grab ansprechend arrangiert, die letzten Gäste bedanken sich bei uns für die stimmungsvolle Trauerfeier. Eine Dame fragt mich, ob sie mich mit in die Stadt nehmen soll und ich steige in ihr schönes sauberes Auto. Wir fahren los und sie fragt, wie denn meine Fremdenführungen in Gera so laufen.

»Ganz gut«, sage ich und erzähle ein bisschen von den Begegnungen der Gerschen mit den »Neuen« in den Läden, den Beratungsstellen, der Moschee. Sie hört interessiert zu, räuspert sich dann und äußert, dass das Problem von Leuten wie mir ja sei, dass wir nicht die ganze Wahrheit erfahren. Ihr Blick streift mich und sie schaltet einen Gang hoch.

»Wissen Sie, dass die Sterblichkeit muslimischer Mädchen bei knapp 80 Prozent liegt?« Davon hatte ich tatsächlich noch nie gehört. »Die wollen Mädchen nicht so gern, Jungs sind denen lieber«, flüstert sie fast, wahrscheinlich denkt sie, dass ihr Auto verwanzt ist von denen da oben, die uns ja auch heimlich chippen, indem sie uns impfen gegen Krankheiten, die allesamt übertrieben und erfunden sind.

»Aber brauchen die dann nicht wenigstens die älteren Mädchen zur Vermehrung und den Haushalt?«, frage ich, denn ein gewisses Gleichgewicht an Jungs und Mädchen braucht doch die Gesellschaft, sonst werden die Mädels ja eine begehrte Ware oder es gibt Frauenverleihe wie Zeitarbeitsfirmen ...

Gerade, als ich dieses interessante Geschäftsmodell stricke, unterbricht sie meine Gedanken mit einem unwirschen Brummen und erneutem Hochschaltevorgang.

»80 Prozent der muslimischen Mädchen sterben unter merkwürdigen Umständen oder an Krankheiten; das thematisiert die Lügenpresse ja nicht. Die werden einfach kaltgemacht.«

Sie sei beruflich des Öfteren im Krankenhaus und dort hätten die ihr das gesteckt, natürlich nachdem sie schwören musste, darüber kein Wort zu verlieren. Nun liegen viele ihrer wilden Wörter im Auto herum und ich bin ratlos. Mein Sprachzentrum ist deaktiviert wie selten, dafür bilden sich über meinem Kopf immer mehr Gedankenblasen wie im Comic. Ich hatte doch in den Familien immer Mädchen gesehen, auf den Schulhöfen und Spielplätzen ... waren das verkleidete Jungs, damit es nicht auffällt, was hier los ist? Sollte ich in meiner Biodeutschigkeit so blind und naiv gewesen sein? Waren unter den Kopftüchern immer Jungs? Vielleicht denken sich Leute solche Gruselgeschichten aus, um von den wahren Gruselgeschichten ihres eigenen Lebens abzulenken. Die will ich jetzt aber lieber nicht noch hören. Meine Sprachausgabe ist zurückgekehrt.

»Danke, Sie können schon hier halten, den Rest laufe ich lieber.«

Wir schaffen das

Die Grundschulzeit endet jäh, plötzlich sind vier Jahre vergangen und das Kind verlangt nach dem Besuch eines Gymnasiums. Nach der Besichtigung einiger infrage kommender Schulen wird es also dasjenige für die musisch angehauchten Kinder und ist somit für meine sangesfreudige minderjährige Mitbewohnerin perfekt geeignet. Es sind nun diverse Formalitäten zu erledigen und eines Tages finde ich mich auf dem Schulflur eines deutschen humanistischen Gymnasiums wieder, in einer Reihe mit anderen Helikoptermüttern, die auch alle nur das Beste für ihre Kinder wollen.

Das Idyll der ehrgeizigen Mütterreihe wird durch einen dunklen Knotenpunkt in der Mitte der Schlange gestört. Eine Familie steht dort, Vater, Mutter, drei Kinder, eines davon offenbar im schulpflichtigen Alter. Der Vater hält drei Zettel in der Hand, die Mutter ein Handy und alle beugen sich gespannt darüber. Dann ratlose Gesichter, die Tochter zuckt mit den Schultern ... und meine ehrgeizigen Mitmütter schauen angestrengt woanders hin. Die Wärme und stickige Luft und wahrscheinlich die Aufregung treiben der Mutter den Schweiß an den Kopftuchrand, auch die bekopftuchte Tochter ist schon ganz rot, der Vater atmet schwer. Wieder tippen sie ins Handy, wieder weiß dieses offenbar keine Antwort. Ich stehe schon recht weit vorn und führe innere Dialoge.

Teufelchen: »Häng dich nicht immer rein, die Tochter kann ja offenbar gut deutsch, wenn sie aufs Gym gehen kann, die wird das schon hinkriegen.«

Engelchen: »Jetzt stell dir mal vor, du lebst in Afghanistan oder Syrien, musst dort dein Kind einschulen und die arabischen Formulare sind schwerer zu verstehen als ein einfacher Einkaufszettel. Auch für das Handy.«

So geht es eine Weile hin und her, ich beschimpfe mich als Bahnhofsklatscherin und Biodeutsche, dann wieder als kaltherzig ... bis ich schweren Herzens meinen schönen Platz in der Schlange aufgebe und die Familie frage, ob ich helfen kann.

Alle strahlen mich an. Die anderen Muttis rücken schnell in der Schlange nach. Gemeinsam mit der Tochter und dem Vater fülle ich die Formulare aus, ich beschreibe der Zehnjährigen in einfacher Sprache, was in dem Formular steht, sie fragt den Vater auf arabisch, der antwortet, sie sagt es mir in deutsch und ich übersetze es ins Bürokratische. Nach ein paar Minuten sind wir fertig. Alle drücken mich und gemeinsam stellen wir uns wieder hinten an der Schlange an.

Einige Muttis tuscheln. »Nicht mal am Gymnasium bleibt einem das erspart«, sagt die eine und schaut abfällig die Familie an. Bald sind wir an der Reihe und die Formulare werden abgesegnet. Später ärgere ich mich ein bisschen, dass wir keine Telefonnummern ausgetauscht haben, wäre ja lustig, wenn die Kinder in eine Klasse kämen.

Wochen später findet meine nächste Fremdenführung statt. Ein neuer syrischer Imbiss hat aufgemacht, köstliches Schawarma, endlich, das esse ich mit am liebsten. Der Dolmetscher stellt mir den Inhaber vor, wir überlegen beide, woher wir uns kennen, erst Tage später kommt er drauf und als wir uns wiedersehen, bedankt er sich noch einmal für die Hilfe in der Schule. Die Tochter komme in die Parallelklasse meines Kindes und sei schon ganz aufgeregt. Das darf sie auch, wenn womöglich mehrere Kinder zu Hause hören, dass einem sowas nicht mal auf dem Gymnasium erspart bleibe. Jetzt gibt es erst einmal Falafel für uns Bahnhofsklatscher – wir schaffen das!

Zuhören

Sie stehen an der Straßenecke und gestikulieren. Eine kleine deutsche Omi und ein großer südländischer Typ. Sie kramt in ihrer Handtasche und wirkt ein bisschen zu aufgeregt, als dass ich einfach vorbeilaufen könnte. Eigentlich ruft mein Mittagessen, Kartoffelrösti mit Morbier und Schinken ... oder doch Räucherlachs ...? Der Mann fasst die Omi jetzt bei den Schultern und dreht sie um. Sie findet das nicht so gut und dreht sich zurück und schüttelt mit dem Kopf. Der Mann zeigt wieder auf ihre Handtasche, sie kramt darin herum und holt eine dicke Oma-Geldbörse heraus. Wahrscheinlich mit den vielen Passfotos der Familie und dem verstorbenen Mann, der oft noch in Schwarz-weiß. Der Typ schüttelt den Kopf und sie kramt weiter in der Tasche, immer hektischer. Nun schüttelt sie den Kopf. Beide verharren. Ich überlege, zurück in die Kanzlei zu laufen und Visitenkarten zu holen – einer von ihnen braucht doch sicher einen Anwalt. Die Omi wegen der demnächst gebrochenen Schulter oder der Typ wegen der anstehenden Körperverletzung. Oder noch Erpressung. Oder Diebstahl. Oder alles zusammen.

Die – noch intakten – Schultern der kleinen alten Frau zucken. Sie kramt in ihrer Tasche erneut herum und holt ein zerknülltes Taschentuch heraus. Es steckt in einer gehäkelten kleinen Tasche. So eine hatte meine Oma auch. Komisch, an was man manchmal so erinnert wird. Schluss jetzt. Ich gehe zu ihnen. Der südländische Typ strahlt. Die Omi auch, ein bisschen schluchzt sie aber noch.

»Gottseidank, dass Sie kommen, hier ist ja kein Mensch auf der Straße«, ruft der Typ. »Ich wohne hier in der Straße, ich dachte echt, ich kenne alles, aber die Frau sucht was, das ich nicht kenne.«

Sie hält mir eine kleine Bestellkarte entgegen. »Mein Mann hat mich da immer hingebracht, aber nun ist er gestorben und ich weiß nicht, wie ich da hinkomme.« Sie weint wieder ein bisschen, der Typ bietet ihr seinen trainierten Arm an, sie hakt sich ein.

»Das ist der Hörgeräteakustiker«, sage ich.

»Was?«

»H-ö-r-g-e-r-ä-t-e!«, rufe ich und sie nickt.

»Genau, die Batterien sind runter.«

»D-a-s g-l-a-u-b-e i-c-h a-u-c-h«, erwidere ich.

Der Typ mischt sich ein: »Jetzt schreien Sie doch die alte Frau nicht so an.« Immerhin weint sie nicht mehr. »Was sucht sie denn nun?«

Ich erkläre ihm, was ein Hörgeräteakustiker ist und dass der im Ärztehaus hinter uns etwas versteckt liegt.

»Was?«, fragt die Omi und der Typ drückt ihren Arm. »I-c-h b-r-i-n-g S-i-e d-a j-e-t-z-t h-i-n«, schreit er und sie macht vergnügt ihre Handtasche zu und hängt sie ihm um.

»Die können Sie gleich tragen, das schwere Ding«, sagt sie nickend und lässt sich an seinem Arm zum Hörgeräteakustiker begleiten. Der südländische Typ sieht ein bisschen albern aus mit der großen Omatasche. Aber die strahlende Omi an seiner Seite macht das auf jeden Fall wett.